Das große SINGER®

Nähbuch

Modelle für Kinder

Eva-Maria Heller

Inhalt

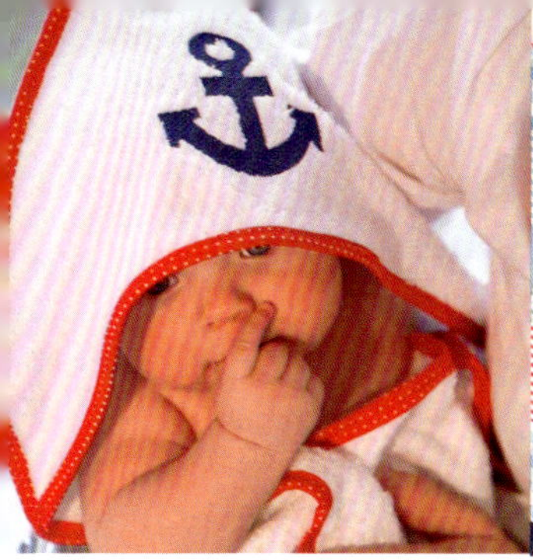

Nähen für Kinder

Wenn Kinder im Haus sind, entdecken viele Frauen ihre Nähmaschine wieder, um Hosen oder Hemdchen zu kürzen, einen Flicken aufzusetzen oder mit witzigen Applikationen gekaufte Kinderkleidung aufzupeppen.

Doch dieses Buch bietet mehr: Tolle Ideen wie Kleidung, Accessoires fürs Kinderzimmer und sogar Spielsachen machen Lust auf kleinere und größere Nähprojekte, die sicher gelingen. Ausführliche Anleitungen und viele Infos rund ums Nähen erleichtern den Einstieg oder das Wiederentdecken Ihrer Nähkünste.

Beginnen Sie am besten mit einfachen Stücken wie der Wärmflasche, dem Lämmchen oder dem Kuschelhund. Täschchen, Beutel und Applikationen sind ebenfalls gute Übungen für den Anfang. Zeitaufwändiger, aber mit ein bisschen Übung gut zu schaffen sind die kuscheligen Schlafsäcke oder die niedlichen Hausschühchen im Glitzer- und Drachengewand.

Und für noch mehr Nähvergnügen: Organisieren Sie doch einen Nähtreff mit Ihren Freundinnen oder verabreden Sie sich im Nähcafé. Denn Erfolg macht noch mal so viel Spaß, wenn man ihn gemeinsam erleben kann.

In jedem Fall viel Freude beim Nähen
wünscht Ihnen

Ihre Redaktion

Die Nähmaschine

Voraussetzung für erfolgreiches Nähen ist eine Nähmaschine, die gut funktioniert und viele Einstellungen selbst vornimmt. Gerade Anfänger können nicht auf Erfahrungswerte zurückgreifen, aber auch einer fortgeschrittenen Näherin wird die Arbeit damit wesentlich erleichtert.

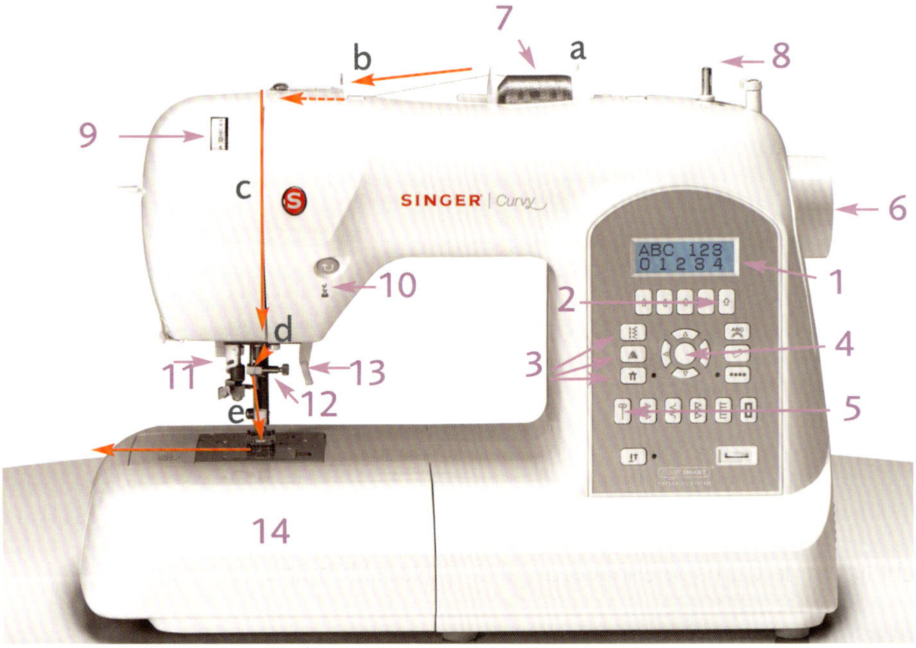

Die grundlegenden Anforderungen an eine neue Nähmaschine, wie eine praktische Handhabung und eine superleichte Bedienung, erfüllt beispielsweise die SINGER Curvy 8770. Dank Computertechnik bietet sie 225 Nähprogramme, sieben verschiedene Knopflöcher und eine breit gefächerte Stichauswahl. Das macht sie auch für diejenigen attraktiv, die nur über ein kleines Budget verfügen.

Mit den Direktauswahltasten können die Stiche problemlos aufgerufen werden. Die Stichbreite und -länge lassen sich stufenlos – selbst während des Nähens – mit Schiebereglern einstellen. Ergänzt wird die moderne Nähmaschine mit einem automatischen Einfädler, einer Schnellstartspule und der automatischen Regelung der Fadenspannung – ein großer Vorteil besonders für Anfänger.

Der abnehmbare Anschiebetisch, in dem sich diverses Zubehör wie zusätzliche Füßchen, Unterfadenspulen usw. übersichtlich verstauen lässt, ermöglicht es, Teile wie Ärmel oder Hosenbeine problemlos unter das Füßchen zu schieben.

Bedienelemente und deren Funktion

1 LCD-Display, hier werden Stichdaten angezeigt und Stichdaten bearbeitet.

2 Multifunktionstasten, die z.B. zur Auswahl des Musters, zur Einstellung der Stichbreite und

-länge oder zur Bestätigung von veränderten Einstellungen bzw. zur Rückkehr der Voreinstellung dienen.

3 Tasten für Nutzstiche, Spiegelmuster und Zwillingsnadeln.

4 Pfeil- und Cursortasten, damit bewegen Sie die Anzeige der Mustergruppen, Einzelmuster und den Cursor.

5 Mit den Direktauswahltasten können Sie Stichmuster direkt auswählen.

6 Das Handrad ermöglicht es, einzelne Stiche durch Drehen mit der Hand zu nähen.

7 Waagerecht liegende Garnspulenhalterung.

8 Hier wird die Unterfadenspule mit dem gewünschten Garn gewickelt.

9 Einstellrad für die Oberfadenspannung.

10 Rücktaste: Solange Sie drücken, näht die Maschine den eingestellten Stich zurück.

11 Der automatische Fadeneinfädler erleichtert das Einfädeln ins Nadelöhr.

12 Auf der Rückseite befindet sich ein Schalter, mit dem sich durch Drücken das Nähfüßchen lösen läßt.

13 Zu Beginn und am Schluss jeder Naht heben bzw. senken Sie mit diesem Hebel das Nähfüßchen.

14 Der Anschiebetisch hält das Nähzubehör griffbereit, dahinter wird die Unterfadenspule eingesetzt.

Einfädeln des Oberfadens

a Die Garnspule wird auf den waagerechten Dorn aufgesetzt.

b Der Faden wird von hinten nach vorne über die Vorspannführung gezogen.

c Der Faden wird weiter auf der linken Seite über die Fadenspannung gelegt, anschließend weiter nach unten gezogen.

d Den Faden nach unten zur Fadenöse über der Nadel führen.

e Den Faden in die Nadelöse einfädeln und unter dem Füßchen nach links ziehen.

Einfädeln der Unterfadenspule

Um die Unterfadenspule aufzuwickeln, setzen Sie die Spule auf den Dorn (7). Den Faden vom Garnhalter (6) zur Spulenführung ziehen, einige Male um die Spule wickeln und den Spulknopf nach rechts zur Spule drücken. Nun geben Sie mit dem Fußpedal Gas und der Faden wird automatisch auf die Spule gewickelt. Die Nadel mit dem Handrad auf die höchste Stellung bringen und die Spulenabdeckung öffnen. Die Spule in die Spulenkapsel einlegen (dreht entgegen dem Uhrzeigersinn), den Faden durch den vorderen Schlitz, weiter nach links hinten zur Seite ziehen und entlang der Rille auf der Stichplatte führen.

Rund ums Kinderzimmer

Krabbeldecke und Schmusedackel

Er bellt nicht, nimmt nicht Reißaus und macht auch sonst so ziemlich alles mit, was Baby gerade in den Sinn kommt. Die fröhlich-bunte Krabbeldecke und der handliche Schmusedackel sind wunderbare Geschenke fürs eigene Baby oder das der besten Freundin, Kollegin, Nachbarin.

Das brauchen Sie

Vorlage Seite 60

Krabbeldecke

Größe 80 x 140 cm

- 12 verschiedene Baumwollstoffe, jeweils 0,15 m, 140 cm breit
- 0,85 cm blau-weiß gestreifter Baumwollstoff, 140 cm breit
- 4,00 m rot kariertes Schrägband, fertige Breite 2 cm
- 0,85 cm Volumenvlies H 640, 140 cm breit
- Nähfaden, z.B. von Gütermann creativ

Schmusedackel

- 0,40 m karierter Baumwollstoff, 140 cm breit
- Stoffreste für die Ohren
- 1 Beutel Füllwatte
- Nähfaden, z.B. von Gütermann creativ

So wird's gemacht

Krabbeldecke

Zuschneiden: 130 Quadrate mit 9,6 x 9,6 cm aus den verschiedenen Stoffen; Streifenstoff und Volumenvlies: 80 x 104 cm inkl. 1 cm Nahtzugabe.

1 Legen Sie die Quadrate in 10 Reihen mit je 13 Quadraten aus. Steppen Sie zuerst die einzelnen Quadrate zu Reihen zusammen: Die Kanten zweier Quadrate rechts auf rechts legen und 0,6 cm breit steppen und die Nahtzugaben zu einer Seite bügeln, je 13 Quadrate einer Reihe zusammennähen.

2 Weiter die Reihen aneinandersteppen: Die Kanten der Reihen rechts auf rechts legen, 0,6 cm breit steppen, die Nähte müssen genau aufeinandertreffen. Die Nahtzugaben zu einer Seite bügeln.

3 Legen Sie die Ober- und Unterseite links auf links, dazwischen das Volumenvlies. Das Volumenvlies bügeln, bis beide Seiten verbunden sind.

4 Stecken Sie das Schrägband rechts auf rechts entlang der Kanten, dabei in den Ecken schräge Falten legen. Die Ansatznaht steppen. Das Schrägband eingeschlagen um die Kante auf die linke Seite klappen und feststecken. Auch auf dieser Seite in den Ecken schräge Falten einlegen. Von der rechten Seite her im Nahtschatten oder schmalkantig feststeppen.

Der Quilt- und Patchworkfuß

Mit der Füßchenbreite von 6 mm (= 1/4 inch) sorgt dieser praktische Fuß beim Nähen automatisch dafür, dass die beim Patchwork üblichen Nahtzugaben von 6 mm eingehalten werden können.

Schmusedackel
Zuschneiden: Die Teile vom Vorlagenbogen am Kopierer vergrößern. Karierter Stoff: Körper 2 x; gemusterter Stoff: Ohren 4 x; alle Teile mit 1 cm Nahtzugabe zuschneiden.

1 Legen Sie die Teile des Körpers rechts auf rechts und steppen Sie die Kanten 1 cm breit aufeinander, dabei am Unterbauch 10 cm zum Wenden offen lassen. Die Nahtzugaben an den Rundungen senkrecht einschneiden und den Dackel wenden. Den Dackel fest mit Füllwatte ausstopfen. Den Schlitz am Bauch mit Handstichen zunähen.

2 Legen Sie je 2 Ohrenschnittteile rechts auf rechts und steppen Sie die Naht 1 cm breit, dabei die obere Kante offen lassen. Die Nahtzugaben zurückschneiden und die Ohren wenden. Die Nähte bügeln, dabei die oberen Kanten eingeschlagen aufeinanderbügeln. Die offenen Kanten schmalkantig aufeinandersteppen. Die Ohren mit Handstichen am Kopf annähen.

Babybadetuch für kleine Piraten

In der Badewanne Kapitän spielen und anschließend bei Muttern ankern: Kinder lieben Baden und würden am liebsten ewig planschen … Wenn Baby gar nicht aus der Wanne will, hilft das kuschelig-warme Frotteebadetuch garantiert. Wetten, dass da auch Wasserratten schwach werden?

So wird's gemacht

Zuschneiden: weißer Frottee: 80 x 80 cm (Badetuch), Dreieck aus einem Quadrat 35 x 35 cm geschnitten (Kapuze).

1 Für den Anker zeichnen Sie das Motiv vom Vorlagenbogen auf BSN-Folie durch. Die Konturen grob ausschneiden und auf die Rückseite des blauen Baumwollstoffs legen. Bügeln Sie die Folie mit dazwischengelegtem Backpapier auf. Den

Das brauchen Sie

Vorlage Seite 61

Größe 80 x 80 cm

- 0,85 m weißer Frottee- oder Baumwollveloursstoff, 140 cm breit
- 4,10 m rotes Schrägband mit weißen Punkten
- Rest blaue Baumwolle
- 0,15 m BSN-Folie, 30 cm breit
- Nähfaden in Rot und Blau, z.B. von Gütermann creativ

Anker entlang der Kontur ausschneiden. Den Anker symmetrisch auf dem Dreieck ausrichten und mit dazwischengelegtem Backpapier aufbügeln. Den Anker entlang der Kanten mit engem Zickzackstich (Stichlänge 0,2 mm, Stichbreite 3,0 mm) aufsteppen.

2 Stecken Sie das Schrägband entlang der langen Kapuzenkante rechts auf links, im Bügelbruch feststeppen. Das Schrägband um die Kante mit eingeklappter Nahtzugabe legen, feststecken und -steppen.

3 Die Kanten der Kapuze auf die Ecke des Handtuchs stecken. Das Schrägband entlang der Handtuchkanten rechts auf links, die Ecken als Falten legen. Das Schrägband wie vorher beschrieben, feststeppen.

Alles in Ordnung: Baby-Utensilo

Damit man alles gleich zur Hand hat: Das praktische Utensilo an Babys Bettchen bietet viel Platz für Tägliches und natürlich auch für den Lieblingsteddy! Und kann, dank praktischer Schlaufenlösung, auch ohne Probleme mit Baby auf große Reise gehen.

Das brauchen Sie

Größe 40 x 60 cm

- 0,70 m weiße oder cremefarbene Baumwolle, 90 cm breit
- 0,70 m weiße Vlieseline H 230, 140 cm breit
- Stoffreste in blau und grün-weiß kariert
- 3 große, weiße Knöpfe
- Nähfaden, z.B. von Gütermann creativ

So wird's gemacht

Zuschneiden: weißer Stoff und Vlieseline: 2 x je 48 x 62 cm (Vorder- und Rückseite); Taschen aus Stoffresten: 4 x je 22,5 x 17 cm; blauer Stoff und Vlieseline: 3 x je 25 x 12 cm. Vlieseline auf die Vorder- und Rückseite sowie die Streifen bügeln.

1 Bügeln Sie eine Querkante der Taschen 0,5 cm und noch einmal 2 cm auf die linke Seite. Die Kante schmalkantig feststeppen. Die übrigen Kanten versäubern und 1 cm breit auf die linke Seite bügeln. Stecken Sie die Taschen mit 3 cm Abstand zur unteren Kante und mit 2 cm Abstand zur Mittellinie auf der Vorderseite fest. Die oberen Taschen mit 6 cm Abstand über den unteren feststecken. Steppen Sie die Taschen entlang der Längs- und der unteren Querkante schmalkantig auf die Vorderseite.

2 Legen Sie die Vorderseite rechts auf rechts auf das Rückteil und verstürzen Sie die Kanten 1 cm breit, dabei einen Schlitz zum Wenden offen lassen. Die Nahtzugaben an den Ecken schräg wegschneiden und das Utensilo wenden. Die Kanten bügeln, dabei die Nahtzugaben am Schlitz nach innen falten. Rundum schmalkantig absteppen. Steppen Sie mit einer Kontrastfarbe parallel zu den seitlichen Längskanten mehrere Zierstichlinien auf das Utensilo.

3 Die Streifen rechts auf rechts falten und an den Enden Spitzen bis zur Nahtzugabe anzeichnen. Die Streifen mit einem Wendeschlitz verstürzen. Die Nahtzugaben zurück-, an den Ecken schräg wegschneiden. Die Streifen wenden und bügeln, rundum schmalkantig absteppen. Zur Hälfte falten, 6 cm breit über das Utensilo schieben und mittig und mit gleichem Abstand feststecken. Mit je einem großen Knopf festnähen.

Das Knopfannähfüßchen

Schnell und sicher können Sie mit diesem Füßchen Knöpfe jeder Größe haltbar annähen. Versenken Sie den Stofftransport und stellen Sie den Zickzackstich ein, die Breite des Stichs stimmen Sie auf den Lochabstand des Knopfes ab.

Herzerwärmend: Wärmflasche

Kinder lieben Wärmflaschen, weil sie kuschelig warm und obendrein noch Seelentröster sind. Und Erwachsene? Nachdem die Wärmflasche eine Zeitlang als völlig uncool galt, erlebt sie jetzt ein überraschendes Comeback und inspiriert zu kreativen Ideen!

Das brauchen Sie

Vorlage Seite 61

- je 0,50 m rot karierter und blauer Baumwollstoff mit Sternchen, 140 cm breit
- Maschinenstickgarn Rayon 40 in Blau, z.B. von Gütermann SULKY
- Nähfaden, z.B. von Gütermann creativ
- 0,50 m Dekoband, 1 cm breit
- Rest Ultra Solvy oder Tear easy, z.B. von Gütermann SULKY
- Schnittpapier

Der Zier- und Dekofuß

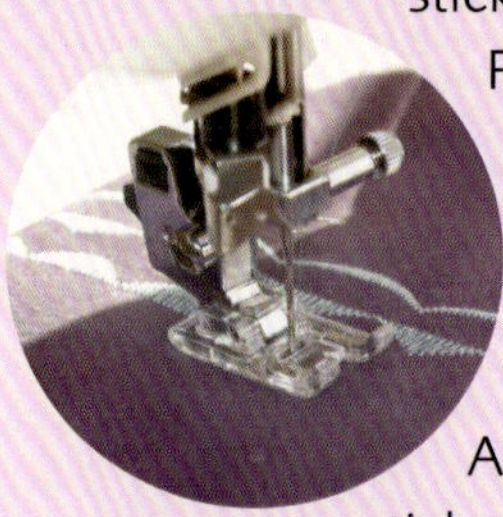

Dekorative Zierstiche sind oft sehr dicht gestickt und brauchen mehr Platz unter dem Nähfuß, damit die Naht nicht gebremst wird. Der Zier- und Dekofuß hat auf der Unterseite eine Aussparung, die Füllstichen genügend Raum gibt und die Naht perfekt führt. So werden Ihre Ziernähte viel gleichmäßiger und ausdrucksvoller.

So wird's gemacht

Vorbereiten: Legen Sie die Wärmflasche auf einen Bogen Schnittpapier und zeichnen Sie den Umriss mit einem Bleistift auf. Schneiden Sie den Umriss mit 8–10 cm Zugabe grob aus und falten Sie die aufgezeichnete Wärmflasche längs aufeinander. Schneiden Sie die Wärmflasche mit 5 cm Zugabe am Flaschenhals und 3 cm Zugabe am Unterteil aus; das Schnittteil auffalten und die Größe überprüfen.

Zuschneiden: Karo- und Sternchenstoff: Schnittteil je 2 x zzgl. 1 cm Nahtzugabe.

1 Übertragen Sie die gekreuzten Säbel vom Vorlagenbogen auf Ultra Solvy. Steppen Sie das Motiv mit eng eingestelltem Zickzackstich (Stichlänge 0,25 mm, Stichbreite entsprechend der Vorlage variieren) in der Reihenfolge der Ziffern 1–6 auf (hier ist besonders der Zier- und Dekofuß sehr hilfreich).

2 Legen Sie je zwei gleich gemusterte Zuschnitte rechts auf rechts und steppen Sie die Naht, dabei am Futter einen 10 cm langen Schlitz offen lassen. Stecken Sie die Bezüge rechts in rechts und steppen Sie die obere Naht. Den Bezug durch den Futterschlitz wenden und das Futter in die Außenhülle stecken. Die Wärmflasche hineinstecken und das Band umbinden.

Kuschelschaf als Glücksbringer

Das Kleeblatt in der Schnauze soll Glück bringen, das Lämmchen glückliche Stunden bescheren. Was garantiert gelingt, denn weicher Wollstoff verführt geradezu zum Kuscheln, daheim wie unterwegs. Der Glücksbringer hat nicht nur eine handliche Größe, er ist auch lammfromm!

Das brauchen Sie

Vorlage Seite 60

- 0,60 m grober Wollstoff in Weiß
- 0,25 m weißer Frottee- oder Nickistoff, 90 cm breit
- 0,25 m dunkelbrauner Frottee, 90 cm breit
- 0,15 m hellbrauner Frottee, 90 cm breit
- Reste von weißem und schwarzem Jersey für die Augen
- Rest Baumwollstoff in Grün
- 1 Beutel Füllwatte
- Nähfaden in entsprechenden Farben, z.B. von Gütermann creativ
- Textilmarker
- BSN-Folie, z.B. von Gütermann SULKY
- Solvy, z.B. von Gütermann SULKY

So wird's gemacht

Vorbereiten: Alle Applikationen 2 x auf BSN-Folie durchzeichnen, mit grobem Umriss ausschneiden und auf die Rückseite der entsprechenden Stoffe aufbügeln: Auge in Weiß, Pupille in Schwarz, Nasenlöcher in Hellbraun.

Zuschneiden: aus Strickstoff: Körper, Schwänzchen und Stirnfell je 2 x; dunkelbrauner Frottee: Beine 8 x und äußeres Ohr 2 x; weißer Nickistoff: Gesicht 1 x; hellbrauner Frottee: inneres Ohr 2 x; grüne Baumwolle: Kleeblatt 2 x.

1 Schneiden Sie die gebügelten Teile aus und platzieren Sie Augen und Nasenlöcher auf dem Gesicht. Durch Bügeln fixieren. Umnähen Sie die Applikationen mit dem jeweilig passenden Garn und engem Zickzackstich (Stichlänge 0,2 mm, Stichbreite 2,5 mm).

2 Legen Sie je zwei Beinteile rechts auf rechts und nähen Sie die Längsseiten und die Fußsohlen aufeinander. Die Nahtzugaben zurückschneiden, die Beine wenden und die Füße mit Füllmaterial ausstopfen. Die Hufe mit Textilmarkierer vorzeichnen und mit Geradstich doppelt nachsteppen, nun vollständig mit Füllmaterial ausstopfen. Alle vier Beine nähen.

3 Die Schwanzteile rechts auf rechts legen, in Nahtzugabenbreite aufeinandersteppen. Die Nahtzugaben zurückschneiden und das Schwänzchen wenden, mit Füllmaterial auffüllen. Auch die Stirnteile rechts auf rechts legen und mit einem Schlitz zum Wenden rundum verstürzen. Die Nahtzugaben zurückschneiden und die Stirn wenden, locker mit Füllmaterial stopfen, den Schlitz mit Nadeln schließen. Jeweils eine Ohraußenseite rechts auf rechts auf eine Ohrinnenseite legen. Die Kanten verstürzen, Nahtzugaben zurückschneiden, die Ohren wenden.

4 Mit dem Textilmarker die Innenlinien auf eine Seite des Kleeblatts zeichnen. Legen Sie die Kleeblattteile links auf links und steppen Sie die Kanten und Innenlinien in Grün mit engem Zickzack-

stich (Stichlänge 0,2 mm, Stichbreite 2,5 mm). Den überstehenden Stoff am Zickzack wegschneiden.

5 Legen Sie die Körperteile rechts auf rechts und steppen Sie die Kanten aufeinander, dabei alle eingezeichneten Öffnungen für Beine und Schwänzchen offen lassen. Den Körper wenden und den Kopf mit Füllmaterial füllen. Steppen Sie die Trennlinie zwischen Kopf und Körper mit Geradstich in Weiß. Den Mund aufzeichnen und steppen. Den Körper großzügig mit Füllmaterial stopfen. Die Beine und das Schwänzchen in die Öffnungen stecken und mit der Hand annähen. Ohren, Stirnfell und Kleeblatt von Hand annähen, gleichzeitig die noch offenen Wendeschlitze schließen.

Thronsessel für kleine Prinzessinnen

Ein kleiner Thron statt einem schlichten Holzstuhl: Bunte Stuhl-Hussen machen jedes Kinderzimmer fröhlicher. Individuelle Applikationen wie beispielsweise ein Krönchen bescheren dem praktischen Stuhl garantiert eine „tragende" Hauptrolle im nächsten Kinder-Theaterstück …

Das brauchen Sie

Vorlage Seite 63

- ca. 1,20 m Baumwollstoff in Pink, 140 cm breit
- Rest gelber Filz
- BSN-Folie, z.B. von Gütermann SULKY
- 3 Wollpompons in Gelb
- Nähfaden, z.B. von Gütermann creativ

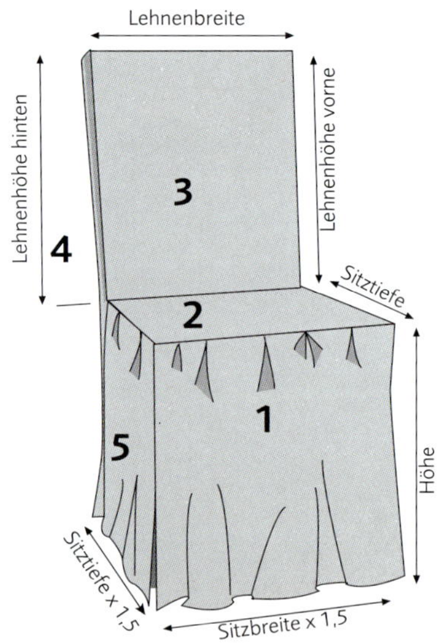

So wird's gemacht

Zuschneiden: Sitz sowie vordere und rückwärtige Lehne in einem Stück (2 + 3 + 4) entsprechend der Maße, 2 x Teil 1 und 2 x Teil 5 (Rockteile) entsprechend der Maße plus 4 cm Saumzugabe; an allen übrigen Kanten 1,5 cm Nahtzugaben zugeben. 8 Bindebänder je 1,5 x 35 cm aus Filz.

1 Die Krone von der Vorlage auf BSN-Folie durchzeichnen, mit grobem Umriss ausschneiden und auf die Rückseite des Filzes mit dem dazwischengelegten Trägerpapier oder Backpapier aufbügeln. Entlang der Kontur ausschneiden und auf der vorderen Lehne mittig platzieren. Die Krone aufbügeln. Steppen Sie sie rundum schmalkantig in Kontrastfarbe auf. An den Spitzen der Krone nähen Sie kleine Wollpompons fest.

2 Bügeln Sie die Saumkanten 2 x je 2 cm auf die linke Seite und steppen Sie die Säume schmalkantig fest. Anschließend die seitlichen Kanten 0,5 cm und noch einmal 1 cm breit umbügeln und ebenfalls schmalkantig feststeppen. Reihen Sie die oberen Kanten des Hussenröckchens mit einer doppelten Reihnaht ein und ziehen Sie die Unterfäden so weit an, dass die Längen der vorderen Sitzbreite, den seitlichen Sitztiefen bzw. der rückwärtigen Lehnenbreite entsprechen.

3 Legen Sie Teil 3 und 4 rechts auf rechts und steppen Sie die seitlichen Nähte bis zur Sitzhöhe, an den unteren Enden jeweils 1,5 cm offen lassen. Die Nahtzugaben zusammengefasst versäubern. Rundum die Hussenröckchen rechts auf rechts stecken und 1,5 cm breit aufsteppen. Die Nahtzugaben zusammengefasst versäubern. An den oberen Ecken je 2 Bänder feststeppen.

ANNA
Luzie

Tierisch gut: Exotische Hockerkissen

Keine Angst vor wilden Tieren, besonders wenn sie, so gezähmt, im Kinderzimmer Platz genommen haben. Krokodil, roter Bär und Spitzmaus aus kuscheligem Frotteestoff machen Holzhocker bequemer und sind darüber hinaus absolut ungefährliche Spielkameraden.

Das brauchen Sie

Vorlage Seite 62

Größe 30 x 40 cm

- je 0,50 m Frottee- oder Baumwollstoff in Gelb, Grün oder Rot, 90 cm breit
- pro Hocker 0,50 m aufbügelbares Volumenvlies, 90 cm breit
- Rest Nickistoff in Orange (Maus)
- Rest Seide in Grün und Gelb (Krokodil)
- Wollfäden in Gelb (Krokodil)
- Filzreste in Schwarz, Braun und Weiß
- 1,0 m Tresse oder Baumwollband
- pro Sitzbezug etwa 0,30 m BSN Folie
- 0,10 m Klettband
- Nähfaden in passenden Farben, z.B. von Gütermann creativ
- Maschinenstickgarn Rayon 40 in Orange, Braun, Weiß und Schwarz, z.B. von Gütermann SULKY
- Applikationsfuß (optional)
- Textilmarker

So wird's gemacht

Gelbe Spitzmaus

Zuschneiden: Die Teile vom Vorlagenbogen am Kopierer vergrößern. Gelber Frottee: Rumpf und Schnauze je 2 x, Ohren 4 x; orangefarbener Nicki: Füße 8 x, Schwanz 2 x; Volumenvlies: Rumpf und Schnauze 1 x, Füße 4 x, Ohren 2 x; Filz: Auge 2 x (weiß), Pupille 2 x (schwarz), Nase 1 x (braun); an allen Kanten 1 cm Nahtzugaben zugeben.

1 Zeichnen Sie die Teile der Augen und die Nase auf BSN-Folie durch und bügeln Sie sie grob ausgeschnitten auf die Rückseiten der entsprechenden Filzteile. Die Teile entlang der Konturen ausschneiden. Das Trägerpapier abziehen und entsprechend der Vorlage auf Rumpf und Kopf aufbügeln. Umnähen Sie die Teile mit den entsprechenden Farben des Maschinenstickgarns mit engem Zickzackstich (Stichlänge 0,3 mm, -breite 2,5 mm). Zeichnen Sie die Rückenstreifen und Haare mit dem Textilmarker auf und übernähen Sie sie ebenfalls mit eng eingestelltem Zickzackstich.

2 Bügeln Sie das Volumenvlies auf die Rückseiten der jeweiligen Oberteile der Füße, Schnauze, Rumpf und Ohren. Legen Sie die Zuschnitte rechts auf rechts, verstürzen Sie die Füße, Schnauze, Ohren und den Schwanz, dabei bleiben die Ansatznähte offen. Die Nahtzugaben zurückschneiden und an den Ecken schräg wegschneiden. Alle Teile wenden, die Kanten ausformen und bügeln.

3 Zeichnen Sie die Linien für Innenohr und Querstreifen mit dem Textilmarker auf die Ohren und den Schwanz. Steppen Sie sie mit orangefarbenem Maschinenstickgarn mit engem Zickzackstich (siehe Schritt 1) auf. Stecken Sie die Ohren an den eingezeichneten Stellen auf den Rumpf

und steppen Sie die offenen Kanten mit engem Zickzackstich auf.

4 Stecken Sie die Schnauze, die Beine und den Schwanz rechts auf rechts auf die Schnittkanten des oberen Rumpfteiles. Teilen Sie die Tresse in vier gleich lange Teile und stecken Sie jeweils ein Ende rechts auf rechts an die markierten Stellen am Rumpf. Legen Sie das untere Rumpfteil rechts auf rechts auf das obere und verstürzen Sie es. Dabei am Kopf einen Schlitz zum Wenden offen lassen. Den Rumpf wenden, die Kanten bügeln und die Öffnung mit Handstichen oder einer Steppnaht am Ansatz der Schnauze schließen. Das Kissen auf den Hocker legen und die Verschlussbänder um den Hocker legen. Die Bänder sollen 5 cm übereinanderragen, dafür evtl. kürzen. Auf die Enden die Klettbandhälften aufnähen.

Grünes Krokodil

Zuschneiden: Die Teile vom Vorlagenbogen am Kopierer vergrößern. Grüner Jersey: Rumpf, Maul und Schwanz je 2 x, Einzelzacken je 8 x, 5er-Zacken je 4 x; gelber Stoff: Füße 8 x; grüne Seide: Rückenteil 11 x 26 cm; Volumenvlies: Rumpf, Kopf und Schwanz 1 x, Füße 4 x, Zacken einzeln je 4 x, 5er-Zacken je 2 x; Filz: Auge 2 x (weiß), Zähne 18 x (weiß), Pupille 2 x (schwarz); alle Teile mit 1 cm Nahtzugabe zuschneiden.

1 Arbeiten Sie die Augen und die Nasenlöcher (Gelbe Spitzmaus, Schritt 1). Zeichnen Sie das Augenlid auf und steppen Sie es mit engem Zickzackstich in Schwarz. Bügeln Sie BSN-Folie auf die Rückseite der grünen Seide und anschließend die Rückseite auf den oberen Rumpfzuschnitt. Übertragen Sie das Schuppenraster auf die Seide. Legen Sie je 3 Wollfäden (4 cm länger als der Seidenzuschnitt) entlang der Markierungen dicht aneinander; 1 gelben, 1 orangefarbenen und 1 gelben. Die Fäden werden mit einem entsprechend breiten Zickzack- oder Zierstich (Länge 2 mm, Breite 7 mm) übersteppt (siehe Hinweis Kordelfuß). Anfang und Ende der Nähte verriegeln und die Wollfäden als kurze überstehende Fransen abschneiden.

2 Volumenvlies auf die entsprechenden Teile aufbügeln und die Füße, einzelnen Zacken, 5er-Zacken, alle Zähne und den Schwanz verstürzen (Gelbe Spitzmaus, Schritt 2). Die Zähne rechts auf rechts entlang der Schnittkanten des Mauls legen und den Kopf entlang der Rundung verstürzen. Alle Nahtzugaben der verstürzten Teile zurück- und an den Rundungen einschneiden, die Teile wenden und die Kanten bügeln. Alle Teile, auch die Verschlussbänder, entsprechend der Vorlage auf das obere Rumpfteil rechts auf rechts legen stecken und mit dem unteren Rumpfteil verstürzen, dabei am Schwanz einen Schlitz zum Wenden offen lassen (Gelbe Spitzmaus, Schritt 4). Das Krokodil wenden und die Kanten bügeln. Die Öffnung verschließen und die Klettbänder aufnähen.

Der Kordelfuß

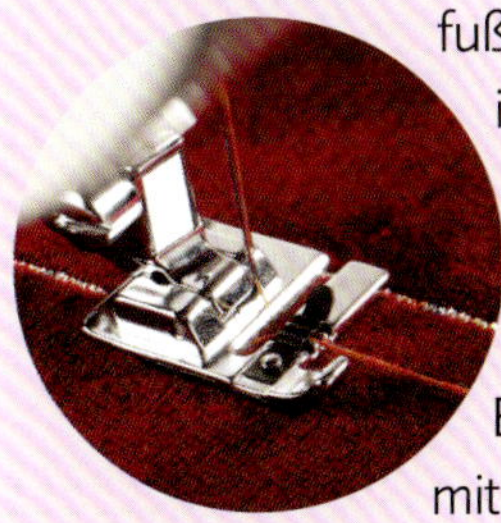

Für einen plastischen Effekt läuft beim Kordelfuß ein Einlauffaden mit, der im Füßchen eingefädelt und mit dichtem Zickzackstich überstochen wird. Der Fuß führt das Einlaufgarn gleichmäßig mit der Naht mit, durch Kurven, Rundungen und alle Ecken.

Roter Bär

Zuschneiden: Die Teile vom Vorlagenbogen am Kopierer vergrößern. Roter Frottee: Rumpf und Schwanz je 2 x, Ohren 4 x, Tatzen 8 x; Filz: Schnauze 2 x (braun), Augenweiß 2 x (weiß), Pupille 2 x und Nase vorn 1 x (schwarz); Volumenvlies: Rumpf, Schnauze und Schwanz je 1 x, Tatzen 4 x, Ohren 2 x; alle Teile mit 1 cm Nahtzugabe zuschneiden, das Rechteck für den Hocker auf 30 x 40 cm ergänzen.

Bereiten Sie die Applikationsteile vor. Die Kopflinie und die Haare steppen (siehe Gelbe Spitzmaus, Schritt 1). Auf die Füße, Schnauze, Ohren und den Schwanz Volumenvlies bügeln und verstürzen (siehe Gelbe Spitzmaus, Schritt 2). Alle Innenzeichnungen und die Krallen mit Zickzackstich in Schwarz aufsteppen; die Ohren auf den Rumpf stecken und aufnähen (siehe Gelbe Spitzmaus, Schritt 3). Die übrigen Teile entsprechend der Markierungen auf den Rumpf stecken und verstürzen, dabei am Kopf einen Schlitz zum Wenden offen lassen. Die Verschlussbänder arbeiten und den Schlitz zunähen (siehe Gelbe Spitzmaus, Schritt 4).

Kinderleicht: Kuschelkissen

Schmusekissen und „Geheimnisträger": Das Kissen hat's in sich, denn „Schweinchen Dick" ist in Wirklichkeit eine Tasche, in die man schon mal kleine Geheimnisse verschwinden lassen kann. Kids können sich ihr Kissen selber machen, denn es ist im wahrsten Sinn des Wortes kinderleicht.

Das brauchen Sie
Größe 40 x 40 cm

- 100 x 50 cm Filz in Orange
- 50 x 30 cm Filz in Gelb
- 20 x 20 cm Filz in Pink
- Rest Filz in Hellblau
- Nähfaden in Hellblau, Orange und Pink, z.B. von Gütermann creativ
- Zackenschere
- Textilmarker
- Lineal und Maßband
- Kisseninlett, 40 x 40 cm

So wird's gemacht

Zuschneiden: Filz orange: 2 x je 42 x 42 cm (Vorder- und Rückseite); Filz gelb: 2 x je 22 x 22 cm (Kopf und Körper), 12 x 7 cm (diagonal durchschneiden für die Ohren), 2 x je 7 x 4 cm (Füße Rückseite); Filz hellblau: 2 Kreise mit 1,5 cm Ø (Augen), 2 x je 1 x 1 cm (Nasenlöcher); Filz pink: 6 x 6 cm (Schnauze, mit der Zackenschere schneiden).

1 Die beiden hellblauen Nasenlöcher mit gleichem Abstand zur Mitte unterhalb der querliegenden Mittellinie auf die Schnauze steppen. Stecken Sie die Schnauze mit 6 cm zur unteren Kante des gelben Kopfes mittig auf den Filz. Steppen Sie die Schnauze rundum mit 1 cm Abstand

auf. Die Augen leicht nach außen versetzt mit 3 cm Abstand über der Schnauze auf den Kopf aufsteppen. 2 cm unterhalb der Schnauze mit einem Zierstich das 2 cm breite Maul quer aufsteppen.

2 Steppen Sie die Ohren entlang der Außenkante mit 1 cm Abstand kontrastierend ab. Die

Ohren schräg und überlappend auf den Kopf legen und entlang der Stepplinien auf den Kopf aufsteppen. Den Kopf mittig auf dem Kissenvorderteil aufstecken. Entlang der seitlichen und unteren Kanten, beginnend und endend an den Ohren, den Kopf als Tasche aufsteppen.

3 Legen und stecken Sie die Kissenvorderseite rechts auf rechts auf die Rückseite und steppen Sie rundum die Naht 1 cm breit, dabei einen 15 cm langen Schlitz zum Wenden offen lassen. Das Kissen wenden und die Kanten bügeln. Das Kisseninlett einstecken und die offenen Kanten mit Handstichen verschließen.

Schlafsäcke für süße Träume

Globetrotter lieben sie, weil Sie praktisch sind und mollig warm. Dabei sind Schlafsäcke nicht nur für unterwegs gemacht, besonders wenn sie so schön sind wie diese im Patchworkstil. In Blau und Rosé für die Kids – und damit auch Teddy immer mit dabei sein kann, ein Minischlafsack in Grün.

Das brauchen Sie

Vorlage Seite 63

Schlafsack/Bettdecke für Jungs

Größe ca. 56 x 126 cm (geschlossen)

Baumwollstoffe, 140 cm breit

- 3,0 m hellblau-weiß gestreift
- je 0,50 m von 3 verschieden blau gemusterten Stoffen
- 3,00 m Volumenvlies H 650 zum Aufbügeln, 150 cm breit
- Reißverschluss, 160 cm lang
- Quiltgarn in Weiß, z.B. von Gütermann SULKY
- Maschinenstickgarn Rayon 40 in Blau, z.B. von Gütermann SULKY
- Schneiderkopierpapier
- Patchworkfüßchen
- Nähfaden in Weiß, z.B. Gütermann creativ

So wird's gemacht

Schlafsack für Jungs

Zuschneiden: hellblau-weiß gestreift: 110 x 130 cm (Futter), 2 x je 20 x 130 cm, 20 x 120 cm, 5,5 x 105 cm (Streifen), 7,5 x 500 cm (Einfassstreifen), 11 x 38 cm (Griff), 9 x je 15 x 15 cm; Volumenvlies: 11 x 38 cm (Griff); weiß: 10 x je 15 x 15 cm; hell- und dunkelblau: 9 x je 15 x 15 cm; alle Angaben inkl. 0,6 cm Nahtzugabe; Teile für Bäumchen nach der Vorlage (zzgl. 0,6 cm Nahtzugabe).

1 Zeichnen Sie die Stickvorlagen auf die entsprechenden Stoffquadrate und Patchworkteile mit Schneiderkopierpapier durch. Steppen Sie die Linien mit Quilt- oder Geradstich auf.

2 Für die Quadrate mit den Patchwork-Bäumchen (siehe Vorlage S. 63) die Teile 1–6 an den entsprechenden Kanten rechts auf rechts legen und 0,6 cm breit zusammennähen. Teil 1 auf 2 legen und die Kante a steppen. Teil 3 auf 2 legen und die Naht b steppen; Teil 4 auf 5 legen und die Naht c steppen; Teil 6 auf 5 legen und die Naht d steppen. Teil 1–2–3 auf 4–5–6 legen und die Naht e steppen. Die Nahtzugaben an allen Nähten immer zu einer Seite bügeln.

3 Wählen Sie für die Einfassstreifen einen Stickstich und besticken Sie die Streifen mittig und längs.

4 Legen Sie die Quadrate in 7 Reihen mit je 6 Quadraten in beliebiger Reihenfolge aus. Steppen Sie die Quadrate zuerst zu Reihen zusammen und diese anschließend zusammen.

5 Legen Sie die beiden kürzeren Einfassstreifen rechts auf rechts auf die untere und obere Kante des Patchworkteils und steppen Sie die Nähte 0,6 cm breit. Die Nahtzugaben in die Streifen bügeln. Anschließend die beiden Längsstreifen rechts auf rechts auf die Längskanten steppen.

6 Legen Sie die Unterseite des Quilts mit der rechten Stoffseite nach unten auf den Tisch, darü-

ber das Volumenvlies und darüber die Patchworkdecke. Fixieren Sie die drei Lagen im Abstand von 10 cm mit Sicherheitsnadeln aufeinander; als Alternative können Sie die Lagen auch von der Mitte aus aufeinanderheften. Steppen Sie mit Quiltgarn alle Nähte durch alle 3 Lagen nach. Steppen Sie mit Zickzackstich entlang der Außenkante alle 3 Lagen aufeinander und schneiden Sie den überstehenden Futterstoff bzw. die Wattierung weg.

7 Stecken und heften Sie den Reißverschluss auf die Unterseite der Decke. Beginnen Sie 30 cm unterhalb der oberen Deckenkante, der Reißverschluss endet in der unteren Deckenmitte und bündig mit der Zickzackkante. Das zweite Bändchen auf die Gegenseite der zur Hälfte gelegten Decke aufsteppen. Mit dem Reißverschlussfüßchen aufsteppen.

8 Für die Bindebänder die beiden 5,5 x 105 cm langen Streifen längs zur Hälfte rechts auf rechts legen und eine Quer- und die Längskante 0,5 cm breit steppen. Die Streifen wenden und bügeln. Auf den Zuschnitt des Tragegriffs Volumenvlies aufbügeln. Den Streifen längs zur Hälfte rechts auf rechts legen und die Längskante 1 cm breit aufeinandersteppen. Den Streifen wenden und die Naht in die Mitte legen. Entlang der Nahtrille von rechts absteppen. Die Enden mit Zickzackstich aufeinandersteppen und gleichzeitig versäubern.

9 Stecken Sie an der unteren und oberen Kante den Einfassstreifen rechts auf links auf die Decke. Dabei an der oberen Deckenkante die Bindebänder mit 12 cm zur Ecke und 27 cm zueinander aufstecken; die offenen Enden liegen auf der Zickzackkante der Decke. Die Streifen 0,5 cm breit steppen, dabei werden die Bindebänder mitgefasst. Die Nahtzugaben in den Streifen bügeln und den vorgebügelten Streifen um die Deckenkante eingeschlagen zur Außenseite klappen; auf der Ansatznaht feststecken und heften, schmal-

Schlafsack für den Teddy

Der 22 x 60 cm große Schlafsack ist nach dem gleichen Prinzip genäht. Sie benötigen ebenfalls 140 cm breite Baumwollstoffe, für das Futter und die Quadrate jeweils 1,00 m in Weiß und 0,60 m in Dunkelgrün, außerdem 0,30 m in Hellgrün, für die Wattierung 0,45 m Volumenvlies; der Reißverschluss ist 75 cm lang. Schneiden Sie 8 weiße Quadrate mit 15 cm Kantenlänge zu, außerdem 2 je 15 cm breite Streifen mit 60 und 75 cm Länge; aus dunkelgrünem Stoff als Futter 46 x 62 cm, außerdem 3 Quadrate und die Bindebänder mit 5,5 x 45 cm, den Griff mit 7,5 x 19 cm. Aus hellgrünem Stoff 4 Quadrate und 2,10 m Streifen mit 7,5 cm Breite für die Einfassung. Genäht wird der Teddyschlafsack genauso wie die für die Kinder, für die Oberseite werden 3 Reihen mit je 5 Quadraten aneinandergefügt.

kantig aufsteppen. Die beiden Einfassstreifen auf die senkrechten Kanten der Decke rechts auf links stecken und steppen, dabei steht an Anfang und Ende der Streifen jeweils 1 cm Nahtzugabe über. Die Enden der Streifen eingeschlagen rechts auf rechts falten und die Quernaht verstürzen. Die Streifen eingeschlagen auf die rechte Seite klappen, stecken und heften; schmalkantig aufsteppen.

10 Die Enden des Griffs dicht an der oberen Schlafsackkante um die beiden Bindebänder legen und darauf feststecken. Mit je einem Kreuz auf den Bindebändern aufsteppen.

Schlafsack für Mädchen

Zuschneiden: rosa-weiß gestreift: 155 x 140 cm Futter), 2 x je 24 x 115 cm, 24 x 140 und 5,5 x 105 cm (Streifen), 8,5 x 500 cm (zusammensetzen für Einfassstreifen), 11 x 38 cm (Griff), 9 x je 17 x 17 cm (Quadrate); Volumenvlies: 11 x 38 cm (Griff); geblümt: 11 x je 17 x 17 cm (Quadrate); weiß: 8 x je 17 x 17 cm (Quadrate); kariert und dunkelrosa: 7 x je 17 x 17 cm (Quadrate); alle Angaben inkl. 0,6 cm Nahtzugabe.

1 Übertragen Sie die Motive der Vorlage mit Schneiderkopierpapier auf die karierten und dunkelrosafarbenen Stoffquadrate. Steppen Sie die Motive mit 3-fach-Geradstich in Pink nach. Wählen Sie einen Stickstich oder mehrere und steppen Sie auf den vier Einfassstreifen mittig eine Bordüre.

2 Legen Sie die die Quadrate für die Decke in 6 Reihen mit jeweils 7 Quadraten in beliebiger Anordnung aus. Nähen Sie die Quadrate zuerst zu Streifen zusammen, dann diese in der gewünschten Anordnung aneinander (siehe Schlafsack für Jungs, Schritt 4).

3 Nähen Sie den Schlafsack fertig (siehe Schlafsack für Jungs, Schritte 5–10).

Das brauchen Sie

Vorlagen Seite 63

Schlafsack/Bettdecke für Mädchen

Größe ca. 70 x 155 cm (geschlossen)

Baumwollstoffe, 140 cm breit

- 3,70 m rosa-weiß gestreifter Baumwollstoff
- 4 x je 0,50 m farblich passende Stoffe in Uni und Gemustert
- 3,70 m Volumenvlies H 650, 140 cm breit
- Reißverschluss, 210 cm lang
- Quiltgarn in Weiß, z.B. von Gütermann SULKY
- Nähfaden in Weiß, z.B. von Gütermann creativ
- Maschinenstickgarn Rayon 40 in Pink, z.B. von Gütermann SULKY
- Schneiderkopierpapier
- Patchworkfüßchen

Zum Küssen schön: Kinderbettwäsche

Wer träumt nicht gern vom schönen Prinzen, auch wenn dieser erst mal ein Frosch war, der wach geküsst werden musste ... Froschkönig auf der Bettdecke wird wohl nie ein Prinz, dafür hält er Nacht für Nacht Wache und sorgt dafür, dass Kinderträume immer gut enden.

Das brauchen Sie

Vorlage Seite 63

Größe 70 x 140 cm und 40 x 60 cm

- Kinderbettwäsche in weißer Baumwolle
- 0,60 m hellblau-weiß karierter Baumwollstoff, 140 cm breit
- Rest weißer, blauer, grün gemusterter und hellgrüner Baumwollstoff
- 1,50 m blaues Satinband, 1 cm breit
- 0,20 m BSN-Folie, z.B. von Gütermann SULKY
- 2 schwarze halbkugelige Knöpfe
- Nähfaden, z.B. von Gütermann creativ
- Geodreieck

So wird's gemacht

Vorbereiten: Vergrößern Sie die Vorlage am Kopierer und übertragen Sie die Teile des Frosches auf BSN-Folie, dabei den Bauch, den Rücken, die Krone und die Warzen separat aufzeichnen. Die Motive grob ausschneiden.

Zuschneiden: karierter Stoff: 36 x 142 cm (Überschlag), 2 x je 76 x 18 cm und 56 x 18 cm (Stehsaum), alle Angaben inkl. 1 cm Nahtzugabe.

1 Falten Sie den karierten Streifen für den Überschlag längs rechts auf rechts und steppen Sie die Längs- und eine seitliche Kante 1 cm breit. An den Ecken den Stoff schräg wegschneiden. Den Überschlag wenden, die Kanten und Ecken entlang der Nähte ausformen und bügeln. Die Nahtzugaben der offenen Querkante 1 cm breit auf die Innenseite falten und bügeln. Die offenen Kanten aufeinanderstecken. Stecken Sie den Überschlag entlang der oberen Kante des Bettbezugs fest. Steppen Sie die Kanten an der Längs- und den Schmalseiten schmalkantig auf, dabei den Schlitz gleichzeitig verschließen.

2 Bügeln Sie den Froschbauch und -rücken sowie die Krone und die weißen Warzen auf die entsprechenden Stoff auf der Rückseite mit dazwischengelegtem Backpapier auf. Entlang der Konturen ausschneiden. Platzieren Sie die Teile des Frosches auf dem Bettbezug und bügeln Sie sie auf. Steppen Sie die Konturen und Innenzeichnungen mit grünem Nähfaden mit eng eingestelltem Zickzackstich (Stichlänge 0,25 mm, Stichbreite 2,5 mm) auf. Die Knöpfe als Pupillen an den entsprechen Stellen sehr fest aufnähen (siehe Tipp).

3 Falten Sie die Längskanten der Stehsaumstreifen 1 cm breit auf die linke Seite, anschließend die Bruchkanten der Streifen links auf links. Die Kanten bügeln. Zeichnen Sie an den Enden der Streifen vom Bruch weg zu den gefalteten Kanten mit dem Geodreieck einen 45-Grad-Winkel und schneiden Sie die Ecken entlang der Markierung zur Schräge. Die Streifen aufklappen, die Nahtzugabe bleibt dabei zur linken Seite gefaltet.

4 Legen Sie die Enden eines langen auf einen kurzen Streifen rechts auf rechts und steppen Sie die Naht 1 cm breit. Alle 4 Ecken auf diese Weise nähen. Die Nahtzugaben zurück- und an den Ecken schräg wegschneiden. Die Ecken wenden und gut ausformen. Den Blendenrahmen bügeln.

5 Schieben Sie den Blendenrahmen über den Kopfkissenbezug, dabei stehen die Innenkanten der Blende 1 cm breit über. Stecken oder heften Sie den Blendenrahmen auf dem Kissenrand fest, anschließend schmalkantig feststeppen.

6 Stecken Sie das Satinband so über die Ansatzkante der Blende, dass das Bändchen diese abdeckt. Steppen Sie das Satinbändchen beidseitig schmalkantig auf.

Alternative

Je nachdem, wie alt das Kind ist, bietet es sich an, anstelle von Knöpfen die Pupillen mit schwarzem Textilmalstift aufzumalen und sie anschließend durch Bügeln zu fixieren. So vermeiden Sie, dass ein Kind den Knopf ablösen und in den Mund nehmen kann.

Kuschelplaid fürs Kinderbett

Hat sich Nachwuchs angesagt oder suchen Sie vielleicht noch ein ganz besonderes Geschenk fürs Baby der besten Freundin? Oft ist es die erste Kuscheldecke, die uns ein Leben lang begleitet, weil sie mit viel Liebe und noch mehr Vorfreude auf den kleinen Erdenbürger gemacht wird.

Das brauchen Sie

Vorlage Seite 63

Größe ca. 0,72 x 1,00 m

Baumwollstoffe, 140 cm breit

- je 0,20 m hellblau-weißes Karo und Pepita
- 0,25 m orange-weiß gestreift
- 0,30 m in Gelb
- 0,20 m in Royalblau
- 1,25 m in Orange
- 0,70 m aufbügelbares Volumenvlies H 640, 140 cm breit
- 0,50 m BSN-Applikationsfolie, z.B. von Gütermann SULKY
- Nähfaden in passender Farbe, z.B. von Gütermann creativ
- Maschinenstickgarn Rayon 30 in passenden Farben, z.B. von Gütermann SULKY

So wird's gemacht

Zuschneiden: Rückseite in Orange 70 x 98 cm; 16 x 16 cm große Quadrate, je 8 x in hellblauem Karo, gestreiftem und gelbem Stoff, 6 x aus Pepita, 5 x in Orange; Volumenvlies: 70 x 98 cm.

1 Zeichnen Sie die Motive für die Applikationen auf die Applikationsfolie durch: 3 x Schmetterling, 3 x Blumentopf, 3 x Küken, 2 x Gießkanne, 2 x Krone. Bügeln Sie die grob ausgeschnittenen Folien auf die entsprechenden Farben der Stoffe auf. Schneiden Sie die Motive entlang der Konturen aus, die Folie von der Rückseite abziehen. Platzieren Sie die Motive probeweise auf den Stoffquadraten und bügeln Sie die Motive auf.

2 Steppen Sie die Flügel des Schmetterlings entlang der Konturen mit engem Zickzackstich auf

(Stichlänge 0,25 mm, Stichbreite 1–2 mm). Die Kreise auf den Flügeln mit Geradstich nähen. Die Querstreifen des Körpers zeichnen Sie mit Lineal auf und steppen diese mit engem Zickzack nach.

3 Applizieren Sie zuerst das Herz auf der Gießkanne, anschließend die Gießkanne auf das Qua-

drat aufsteppen. Applizieren Sie das Küken und die Füße auf dem Stoffquadrat. Steppen Sie den Flügel und das Auge mit Geradstich auf. Die Füße verbinden Sie mit engem Zickzackstich mit dem Körper. Die Motive „Krone" und „Blumentopf" auf die Quadrate applizieren und mit engem Zickzackstich umranden.

4 Legen Sie die Quadrate entsprechend der Vorlage auf den Tisch. Die Kanten der ersten beiden

Quadrate rechts auf rechts legen und 1 cm breit steppen. Die Nahtzugaben auseinanderbügeln. Alle 5 Stoffquadrate der 7 Reihen miteinander verbinden, anschließend die Reihen zur Fläche zusammennähen. Legen Sie das Volumenvlies mittig auf die orangefarbene Rückseite, darüber die Patchworkdecke. Die orangefarbene Rückseite steht rundum 3 cm über. Verbinden Sie alle drei Lagen mit Heftstichen. Die Quadrate entlang der Nähte mit der Maschine absteppen.

5 Bügeln Sie die Kanten des orangefarbenen Stoffes rundum zweimal je 1,5 cm auf die Oberseite des Plaids. Die Kanten rundum stecken und heften und von rechts schmalkantig durch alle Lagen steppen.

Kindertaschen voller Liebe

XXL-Tasche für Blumenkinder

Spielzeugtasche, Strandtasche, Weekender fürs Wochenende bei den Großeltern: Die geräumige Stofftasche macht alles mit, denn sie bietet jede Menge Platz! Für Kleider, Spielzeug, die Lieblingskuscheltiere und natürlich auch für Badeutensilien, wenn's im Sommer an den Strand geht.

Das brauchen Sie

Vorlage Seite 62

Größe ca. 0,72 x 1,00 m

Baumwollstoffe (Tilda), 140 cm breit

- 1,70 m Rosen in Mint
- 0,70 m Medaillons in Mint
- 0,60 m Tupfen in Mint
- 0,30 m Muster in Rosa
- 0,20 m Folklore in Rot-Weiß
- 1,40 m Volumenvlies H 640, 140 cm breit
- 0,40 m Gewebeeinlage G 712
- 0,20 m Schabrackeneinlage S 133
- 1,50 m Pomponband in Mint
- 2,90 m Rosenband in Rot, 2,5 cm breit
- je 1,50 m Dekoband in Mint und Rot-Rosa, 1 cm breit
- 1 m Elastikgummi, 1 cm breit
- Nähfaden in passenden Farben, z.B. von Gütermann creativ

Taschenboden nähen

Die Seitennaht auf die Bodenmitte falten, so entsteht ein Dreieck. Im rechten Winkel zur Seitennaht die Ecke quer markieren, entlang der Markierung steppen.

So wird's gemacht

Zuschneiden: Taschenteile A–C aus den angegegebenen Stoffen nach der Schemazeichnung zzgl. 1 cm Nahtzugabe zuschneiden; Rosenstoff und Volumenvlies: Futter D 70 x 134 cm; Rosenstoff und Gewebeeinlage: aufgesetzte Tasche E 26 x 35 cm; Musterstoff und Gewebeeinlage: Tunnelzug F 2 x je 8 x 70 cm; Tupfenstoff: Bindebänder G 4 x je 8 x 70 cm ; Folklore- und Musterstoff, Volumenvlies: Träger 2 x je 5,5 x 72 cm; Tupfenstoff: Schrägstreifen 6 x 150 cm.

1 Die 70 cm langen Kanten der Teile B rechts auf rechts auf die des Teils A, ebenso C auf B stecken. Die Nähte 1 cm breit steppen, die Nahtzugaben auseinanderbügeln. Volumenvlies auf die Rückseite des Futterstoffes und auf den zusammengenähten Oberstoff aufbügeln. Pomponband über den Ansatznähten der seitlichen Teile B aufstecken. Über die Ansatzkante des Pomponbands das Rosenband stecken. Beide Kanten des Rosenbands schmalkantig aufsteppen, dabei das Pomponband ebenfalls fixieren.

2 Gewebeeinlage auf die Teile F aufbügeln und alle Kanten versäubern. Die Schmalseiten 1 cm breit nach links bügeln, füßchenbreit steppen. Die Tunnelstreifen entlang der Naht zwischen Teil B und

C aufstecken, an den Enden bleibt die Nahtzugabe frei. Über die Nahtlinien der Tunnellängskanten die Dekobänder Mint und Rot-Rosa aufstecken. Die Längskanten der Dekobänder schmalkantig aufsteppen, dabei die Tunnelkanten mitfassen.

3 Die Gewebeeinlage auf das Taschenteil E aufbügeln. Den Taschenzuschnitt quer rechts auf rechts falten und die Kanten 1 cm breit mit einem Wendeschlitz aufeinandersteppen. Die Tasche wenden, die Kanten ausformen und bügeln. Die Tasche 4 cm unterhalb des Tunnelzugs mittig aufstecken, dabei zeigt die Bruchkante nach oben. Die seitlichen Kanten und die untere Kante schmalkantig aufsteppen.

4 Die Tasche aus Oberstoff quer rechts auf rechts legen und die seitlichen Nähte 1 cm breit steppen. Die Nahtzugaben auseinanderbügeln. Beidseitig den Taschenboden abnähen (siehe Tipp). Die Nahtzugabe auf 1 cm zurückschneiden, anschließend die zweite Ecke und auch die Futtertasche genauso arbeiten. Die Schabrackeneinlage in der Größe des Bodens zuschneiden und aufbügeln.

5 Die Futter- in die Oberstofftasche stellen, die Seitennähte aufeinanderstecken und entlang der Nahtlinien steppen. Schrägband rechts auf rechts auf die obere Kante stecken und feststeppen; eingefaltet über die Kante zur linken Seite klappen und von rechts feststeppen.

6 Volumenvlies auf die Trägerzuschnitte bügeln und diese mit dem gemusterten Stoff verstürzen (siehe Schritt 3). Träger wenden und schmalkantig steppen, dabei den Schlitz schließen. Die Träger über dem Tunnelzug aufsteppen. Die Gewebeeinlage auf die Bindebänder aufbügeln. Diese verstürzen, wenden und bügeln. Auf die Vorderseite der Bänder mittig Rosenband aufstecken. Die Kanten des Rosenbands schmalkantig absteppen. Zwischen je zwei Bändern jeweils 25 cm Elastikgummi festnähen. Die Bänder in die Tunnel ziehen und die Enden seitlich zur Schleife binden.

Bunter Beutel für alle Fälle

Platz für Langohrhase und Co.: Die kleine Tasche ist groß genug für allerlei Krimskrams unterwegs oder auch für Spielzeug, Malstifte und Block, damit der Ausflug mit den Eltern nicht langweilig wird. Wer es individuell mag, appliziert statt der Birne das Lieblingstier auf die Tasche.

Das brauchen Sie

Größe 14 x 20 cm und 18 x 24 cm

Stoffe 140 cm breit, z.B. Serie Capri und Amsterdam von www.westfalenstoffe.de

- 0,40 m Baumwollstoff in Weiß mit hellblauen Punkten (Taschenbeutel)
- 0,40 m Baumwollstoff in Weiß mit roten Streifen (Futter)
- 0,25 m blau-weiß gestreifter Baumwollstoff (oberer Rand)
- 0,10 m Baumwollstoff in Weiß mit roten Punkten (Griffe)
- Reste geblümter und gestreifter Stoffe für die Applikation
- 0,50 m aufbügelbares Volumenvlies H 640 (beidseitig beschichtet)
- 0,80 m BSN-Folie, z.B. von Gütermann SULKY
- 1,60 m kariertes Schleifenband, 2,5 cm breit
- Nähfaden, z.B. von Gütermann creativ
- Maschinenstickgarn Rayon 30 in Grün, z.B. von Gütermann SULKY

So wird's gemacht

Zuschneiden: weiß-blauer Punktestoff: 40 x 80 cm (unterer Taschenbeutel); weiß-roter Streifenstoff: 40 x 80 cm (Taschenbeutelfutter); blau-weiß gestreiferter Stoff: 24 x 80 cm (Randstreifen außen und innen); weiß-roter Punktestoff: 2 x je 8 x 42 cm (Henkel); Vlieseline: 40 x 80 cm und 3 x 42 cm; BSN-Folie: 2 x je 80 x 10 cm (Verbindungsstreifen).

1 Steppen Sie entlang einer Längskante des Schleifenbandes eine doppelte Reihnaht und ziehen Sie die Unterfäden auf 77 cm Weite an. Die Mehrweite gleichmäßig verteilen.

2 Zeichnen Sie je zwei Birnen und vier Blätter von der Vorlage auf die BSN-Folie durch. Schneiden Sie die Motive grob aus und bügeln Sie diese auf die Rückseite der Stoffreste. Entlang der Kanten ausschneiden, auf dem Taschenbeutel platzieren und aufbügeln. Mit Maschinenstickgarn in engem Zickzackstich (Stichlänge 0,2 mm, Stichbreite 2,5 mm) rundum absteppen.

3 Legen Sie das Volumenvlies mit der Beschichtung nach unten auf die linke Stoffseite des Taschenbeutels, darüber die beiden Streifen der BSN-Folie, darüber die linke Stoffseite des Taschenfutters. Mit Dampf so lange bügeln bis alle Lagen verbunden sind.

4 Bügeln Sie die Längskanten des Randstreifens jeweils 1 cm auf die linke Seite und falten Sie die Bruchkanten bündig aufeinander; erneut bügeln. Schieben Sie die obere Kante des Taschenbeutels 1 cm breit zwischen die offenen Längskanten des Randstreifens und stecken und heften Sie die Lagen aufeinander. Steppen Sie die Teile schmalkantig aufeinander. Nun das angereihte Karoband

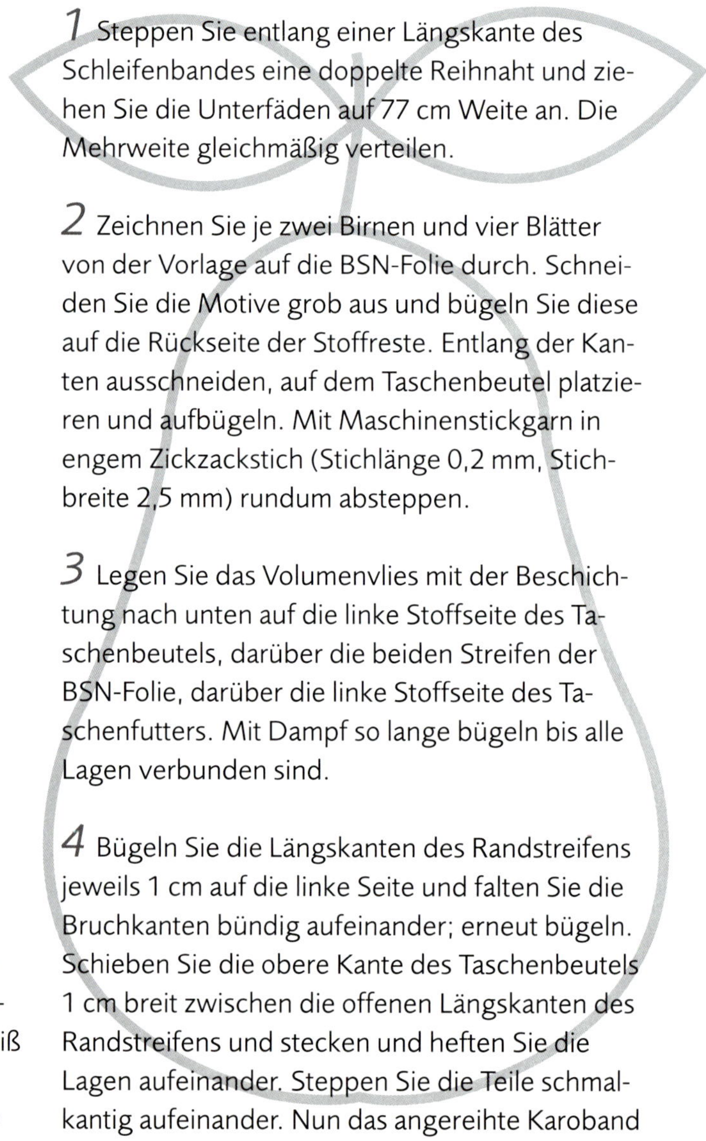

über die Steppnaht stecken und rundum festnähen.

5 Bügeln Sie die Längs- und Querkanten der Trägerstreifen jeweils 1 cm auf die linke Seite. Nun legen Sie die längslaufenden Bruchkanten links auf links aufeinander und bügeln den Bruch. Träger wieder auffalten und mit den 3 cm breiten Volumenvliesstreifen bebügeln. Die Bruchkanten erneut aufeinanderklappen und schmalkantig absteppen. Mit 12 cm Abstand zueinander und 6 cm zum Rand mittig auf die Tasche stecken und mit einem Kreuz und Quadrat feststeppen.

6 Legen und stecken Sie die Tasche rechts auf rechts aufeinander und zeichnen Sie an den unteren Ecken mit einer Kaffeetasse Rundungen an. Die seitlichen und unteren Kanten aufeinandersteppen, die Nahtzugaben mit Zickzackstich versäubern. Die Tasche wenden und die Naht bügeln.

Der Kräuselfuß

Dieser Fuß legt den glatten Stoff automatisch in kleine Fältchen oder kräuselt ihn gleichmäßig ein. Bei Bedarf wird die Rüsche gleichzeitig auf einem anderen Stoff festgenäht. Sie können zwischen drei verschiedenen Faltenabständen wählen und die Faltentiefe selbst bestimmen.

Schöne Kindergartentaschen

Diese Kindergartentaschen sehen nicht nur richtig cool aus, sie sind auch so individuell, dass man sie absolut nicht verwechseln kann. Dabei bieten sie genügend Platz für alles, wenn Spielpause angesagt ist: Vesperbrot, Obst und eine kleine süße Überraschung!

Das brauchen Sie

Größe 14 x 20 cm und 18 x 24 cm

Pinkfarbene Tasche

- 0,50 m Filz in Pink, 4 mm dick, 140 cm breit
- Rest Filz in Grün, 4 mm dick
- 0,40 m Bordüre mit Pilzen, 1,3 cm breit
- Rest pinkfarbenes Vichykaro
- 0,15 m rot kariertes Schleifenband, 0,5 cm breit
- Nähfaden

Türkisfarbene Tasche

- 0,30 m Filz in Türkis, 4 mm dick
- Reste von beigem und kariertem Stoff
- Rest grüner Filz
- 0,12 m BSN-Applikationsfolie
- Nähfaden
- blaues Handnähgarn

So wird's gemacht

Pinkfarbene Tasche

Zuschneiden: pinkfarbener Filz: 50 x 34 cm (Tasche), 24 x 30 cm (Taschenklappe), 110 x 3 cm (Trageriemen); grüner Filz: 24 x 2 cm (Klappenstreifen); Vichykaro: Kreis mit 10 cm Ø (Rosette). Den Riemen mit der Zickzackschere und die Vorderkante der Taschenklappe mit der Wellenschere schneiden.

1 Legen Sie unter die Wellenkante der Taschenklappe den grünen Streifen, sodass dieser 1 cm hervorschaut und steppen Sie diesen 1 cm oberhalb der Kante auf. Parallel zu dieser Steppnaht mit 1,5 cm Abstand die Bordüre beidseitig schmalkantig aufsteppen.

2 Steppen Sie mit 0,5 cm Abstand entlang der Längskanten des Trageriemens mit Zickzackstich (Stichlänge 0,7 mm, Stichbreite 2,5 mm) Ziernähte, die gleichzeitig den Riemen stabilisieren. Die Taschenklappe mit 14 cm Abstand zur oberen Taschenkante und beidseitig 2 cm Abstand zu den Längkanten links auf rechts auf das Taschenteil stecken. Dabei zwischen Klappe und Tasche beidseitig die Riemen dazwischenschieben. Die Klappe 1 cm breit aufsteppen, dabei die Riemen mitfassen. Zusätzlich mit einer senkrechten Mittelnaht die Klappe auf der Tasche stabilisieren.

3 Vorderes und rückwärtiges Taschenteil rechts auf rechts falten und die Seitennähte 1 cm breit steppen. Eine Seitennaht auf den Boden drücken und mit 3 cm Abstand quer absteppen (siehe Seite 37, Schritt 4). Die gegenüberliegende Ecke genauso arbeiten. Die Nahtzugaben zurückschneiden und die Tasche wenden. Klettband unter die Taschenklappe und das Gegenstück auf die Tasche nähen.

4 Für die Rosette die Außenkanten mit Vorstichen umnähen und den Faden fest anziehen. Die Fadenenden verknoten und auf den Kreismittel-

punkt drücken, die Außenkanten zum Kreis zupfen. Auf der Tasche mit einem Schleifchen aufnähen.

Türkisfarbene Tasche

Zuschneiden: türkisfarbener Filz: 2 x je 23 x 20 cm (Vorder- und Rückseite); 63 x 6 cm (Seitenstreifen mit Boden); 2 x je 57 x 3 cm (Träger).

1 Zeichnen Sie einen Halbkreis mit 15 cm Ø und ein 15 cm breites und 9 cm hohes Dreieck auf die BSN-Folie und schneiden Sie die Teile grob aus. Auf die Rückseite der entsprechenden Stoffreste bügeln und entlang der Konturen ausschneiden. Mittig auf die Taschenvorderseite aufbügeln und rundum mit Zickzackstich aufsteppen. Den kleinen Wimpel als spitzes Dreieck ausschneiden und mit Handstichen aufnähen.

2 Den Seitenstreifen rechts auf rechts auf die Seiten- und untere Kante des Taschenvorderteils stecken, dabei die Nahtzugabe des Seitenstreifens an den Ecken 1 cm tief einschneiden. Das Taschenvorder- und Rückteil jeweils 1 cm breit auf den Seitenstreifen fortlaufend aufsteppen. Die Nahtzugaben 0,5 cm breit zurückschneiden.

3 Die Henkel mit 4 cm Abstand zur Mitte auf die Taschenoberkanten stecken und mit einem Kreuz aufsteppen. Die Henkelkanten schmalkantig absteppen.

Patchworkdecke und Spielzeugbeutel

Eine Decke, die viel aushält, auch wenn es mal hoch her geht! Die Patchworkdecke ist ideal für Krabbelkinder, weil sie nicht nur weich ist, sondern auch schön warm hält. Der applizierte Hund auf dem dazu passenden Spielzeugbeutel bewacht Babys kleine Schätze ...

Das brauchen Sie

Vorlage Seite 60

Spieldecke
Größe 90 x 134 cm

- 6 verschieden gemusterte Stoffe, jeweils 0,30 m, 140 cm breit
- 0,95 m Baumwollstoff für die Unterseite, 140 cm breit
- 4,50 m Samtband, 4 cm breit
- 0,90 m Volumenvlies H 650, beidseitig beschichtet, 150 cm breit
- Nähfaden, z.B. von Gütermann creativ

Beutel
Größe 18 x 24 cm

- Stoffrest mit 40 x 58 cm
- 20 x 30 cm weißer Bastelfilz
- 1,00 m Samtband, 1 cm breit
- Sicherheitsnadel

So wird's gemacht

Patchworkdecke

Zuschneiden: 96 Stoffquadrate aus 6 verschiedenen Stoffen, jeweils 13 x 13 cm; Stoff und Volumenvlies: je 90 x 134 cm (Unterseite); alle Angaben inkl. 1 cm Nahtzugabe.

1 Ordnen Sie die zugeschnittenen Quadrate auf dem Arbeitstisch in 12 Reihen mit je 8 Quadraten beliebig an. Legen Sie für die erste Reihe das erste und zweite Quadrat rechts auf rechts und steppen Sie die Nahtzugabe 1 cm breit. Die Nähte auseinanderbügeln. Alle übrigen Quadrate dieser Reihe an die ersten beiden anfügen. Die Quadrate der zweiten und übrigen Reihen aneinandersetzen. Legen Sie die Längskanten der ersten und zweiten Reihe aufeinander und steppen Sie die Naht 1 cm breit; Nahtzugaben auseinanderbügeln. Alle übrigen Reihen ebenso aneinandersetzen.

2 Legen Sie das Volumenvlies zwischen die Ober- und Unterseite der Decke und fixieren Sie es durch Bügeln mit einem feuchten Tuch zwischen der Ober- und Unterseite. Falten Sie das Samtband längs zur Hälfte und stecken Sie es rundum um die Decke fest. In den Ecken legen Sie das Band in eine 2 cm tiefe Falte, so bildet sich die Ecke automatisch. Steppen Sie das Band durch alle Lagen schmalkantig auf.

Spielzeugbeutel

Vorbereiten: Den Bastelfilz mit warmem Wasser waschen und trocknen lassen. Übertragen Sie das Motiv von der Vorlage mit Schneiderkopierpapier auf den Filz und schneiden Sie den Hund aus.

1 Falten Sie den Stoff quer zur Hälfte aufeinander. Platzieren Sie den Hund an gewünschter Stelle. Stecken Sie den Filz fest und steppen Sie ihn rundum schmalkantig fest. Formen Sie die Schleife aus 15 cm Samtband und kleben Sie sie als Halsband auf dem Hündchen fest.

2 Versäubern Sie die beiden senkrechten Kanten des Beutels. Schneiden Sie die Nahtzugaben an den senkrechten Kanten mit 8 cm Abstand zur oberen Kante senkrecht ein. Oberhalb der Einschnitte die Nahtzugaben auf die linke Seite bügeln und schmalkantig feststeppen. Die obere Kante 4 cm breit umfalten und bügeln. Steppen Sie den Umschlag jeweils mit 2 cm und 3 cm Abstand parallel zur Bruchkante; so entsteht der Tunnel. Legen Sie den Beutel rechts auf rechts aufeinander und steppen Sie die seitlichen Kanten unterhalb des Tunnels 1 cm breit fest. Die Nahtzugaben zusammengefasst versäubern. Wenden Sie den Beutel. Ziehen Sie mit einer Sicherheitsnadel das Samtband in den Tunnel und verknoten Sie die Enden miteinander.

Schicke Mode für Kinder

Romantisches Nachthemd

Nähen, sticken, verzieren: Dieses Nachthemd verführt nicht nur zum Träumen in der Nacht, es lädt auch ein, kreative Träume zu verwirklichen. Schöne Zierstiche schmücken das Oberteil, zarte Spitze und die Hohlsaumborte den Rock. Ein Schmuckstück mit nostalgischem Charme.

Das brauchen Sie

Vorlage Seite 61

Größe 128

- 0,90 m weißer Baumwollbatist, 140 cm breit
- 0,10 m weiße Vlieseline H 230, 90 cm breit
- 0,60 m Baumwollspitze, 2 cm breit
- 16 Ösen zum Einschlagen
- je 2,0 m Hohlsaum- oder Baumwollspitzen, verschiedene Breiten
- 2,00 m weißes Bändchen, 0,5 cm breit
- Wingnadel
- Nähfaden in Weiß, z.B. von Gütermann creativ
- Textilmarker oder Schneiderkreide

So wird's gemacht

Zuschneiden: Batist: Vorder- und Rückteil je 1 x im Stoffbruch, Ösenleiste 2 x je 9 x 40 cm, Schrägband 5 x 60 cm; Vlieseline: 2 x je 9 x 40 cm, jeweils mit 1 cm Nahtzugaben.

1 Bügeln Sie die Vlieseline auf die linken Seiten der Ösenleisten. Falten Sie die Längskanten der Ösenleisten 1 cm auf die linke Seite und bügeln Sie die Bruchkanten. Diese erneut links auf links falten und die Kante bügeln. Ösenleiste wieder aufklappen. Den Schrägstreifen längs aufeinanderfalten und die Bruchkante bügeln.

2 Ziehen Sie auf beiden Vorderteilhälften parallel mit 4 cm Abstand zur Ösenansatzlinie mit Textilmarker eine 45 cm lange Linie vom Halsausschnitt nach unten. Befestigen Sie die Wingnadel in der Nähmaschine. Steppen Sie entlang Ihrer Markierung eine Zierstichnaht und weitere Zierstichlinien parallel dazu mit beliebigen Abständern bis zu den Armausschnitten. Die zweite Seite des Vorderteils symmetrisch besticken.

3 Schieben Sie die eingefalteten Bruchkanten der Ösenleiste 1 cm breit über die vordere Kante, dabei steht am unteren Ende die Leiste in Nahtzugabenbreite über der Ansatzlinie über. Die Leiste stecken und evtl. heften. Schmalkantig bis 1 cm vor dem Ende feststeppen. Die zweite Leiste gegengleich festnähen. Schneiden Sie die untere Querkante des Ausschnitts schräg zu den Enden der Ansatznähte ein. Klappen Sie beide Ösenleisten rechts auf rechts nach unten und steppen Sie die Querkante der Ansatznaht von Ecke zu Ecke. Die Ösenleisten stoßen dabei aneinander.

4 Schlagen Sie 2 cm vom Halsausschnitt weg mit gleichem Abstand jeweils 8 Ösen mittig in die Ösenleisten. Achten Sie darauf, dass die Ösen an beiden Leisten genau gegenüberliegen.

5 Legen Sie das Vorderteil rechts auf rechts auf das Rückteil des Nachthemds und steppen Sie die Schulternähte 1 cm breit. Die Nahtzugaben zusammengefasst versäubern und in das Rückteil gerichtet bügeln.

6 Stecken Sie die Baumwollspitze rechts auf rechts auf den Halsausschnitt, dabei schlagen Sie Anfang und Ende 1 cm breit auf die linke Seite. Über die Spitze zusätzlich das gebügelte Schrägband stecken, die offenen Kanten schließen mit den Schnittkanten des Halsausschnitts ab. Auch hier Anfang und Ende 1 cm breit auf die linke Seite schlagen. Steppen Sie die Spitze und das Schrägband 1 cm breit fest. Die Nahtzugaben zurückschneiden und senkrecht einschneiden. Die Naht bügeln, anschließend das Schrägband nach innen klappen, die Spitze bleibt nach oben stehen. Das Schrägband stecken und bügeln, füßchenbreit von der rechten Seite her feststeppen.

7 Stecken Sie Schrägband über die Armausschnitte, die Schnittkanten schließen mit den Stoffkanten ab. 1 cm breit feststeppen, die Nahtzugaben schmal zurückschneiden und entlang der Nahtlinie nach innen klappen. Feststecken, bügeln und von rechts füßchenbreit absteppen.

8 Legen Sie Vorder- und Rückteil des Nachthemds rechts auf rechts, stecken und steppen Sie die Seitennähte 1 cm breit. Die Nahtzugaben zusammengefasst versäubern und in das Rückteil bügeln.

9 Markieren Sie parallel zum Saum Linien in der Anzahl der Hohlsaumspitzen. Steppen Sie die Spitzen mit engem Zickzackstich (Stichlänge 0,25 mm, Stichbreite 1,5 mm) beidseitig entlang der Hohlsaumkanten auf und schneiden Sie den Stoff dahinter weg. Den Nachthemdsaum 1 cm und noch einmal 2 cm breit umbügeln. Schmalkantig feststeppen.

Spitze mit Zierstichen selbst gemacht

Es ist kaum zu glauben, aber diese Spitzen sind mit den Zierstichen einer Haushaltsnähmaschine selbst gemacht.

Als Basis eignen sich Stoffe wie Baumwolle in verschiedenen Stärken, Organza, Leinen und Tüll. Verstärken Sie den jeweiligen Stoff mit einem Stickvlies, besonders gut eignet sich Heat away (z.B. Gütermann SULKY). Voraussetzung ist, dass sich der Grundstoff mit einer Bügeltemperatur für Viskose bügeln lässt, dabei löst sich das Stickvlies auf.
Ziehen Sie mit Textilmarker längs laufende Linien, auf denen Sie die Stickstiche steppen. Verwenden Sie Maschinenstickgarn und Bobbin als Unterfaden, außerdem eine Wingnadel, so werden die Stiche sehr plastisch. Bei der Durchbruchspitze auf Baumwolle wird nach dem Sticken der Stoff zwischen den äußeren Festonbögen mit einer kleinen Stickschere herausgeschnitten.

Frecher Frosch für Lausebengel

Frosch gefällig oder darf es auch etwas anderes sein? Was immer auch Ihr Kind liebt, mit Applikationen wird jedes Kinder-Shirt, jeder Pullover, jede Hose zum Hingucker. Ganz abgesehen davon, dass so manch gutes altes Stück noch einmal ein Comeback erlebt …

Das brauchen Sie

Vorlage Seite 63

- Sweat- oder T-Shirt
- Stoffreste in Grün, Rot, Gemustert und Weiß
- 0,30 m BSN-Folie, z.B. von Gütermann SULKY
- Nähfaden, z.B. von Gütermann creativ

So wird's gemacht

Vorbereiten: Die einzelnen Teile des Motivs auf BSN-Folie mit Filzstift durchzeichnen.

1 Bügeln Sie die Teile mit Ausnahme des Froschkopfs auf die linken Stoffseiten der gewünschten Stoffe aus. Schneiden Sie die Teile aus. Legen Sie alle Teile auf den noch nicht zugeschnittenen Stoff für den Kopf. Zur Überprüfung der Lage legen Sie die BSN-Folie mit der Kontur des Kopfes darüber. Wieder abnehmen und das Maul aufbügeln. Die Kanten mit eng eingestelltem Zickzackstich (Stichlänge 0,2 mm, Stichbreite 2,5 mm) nachsteppen. Anschließend die Zunge und die Augen aufbügeln und -steppen.

2 Die BSN-Folie des Kopfes auf die linke Stoffseite bügeln und den Kopf ausschneiden. Diesen auf das Shirt legen, die Krone unter den oberen Rand schieben und alles aufbügeln. Rundum mit engem Zickzackstich aufsteppen.

Glitzer- und Drachenschühchen

Glitzerpailletten und scharfe Drachenzähne – kleine Nachtgespenster lieben es fantasievoll. Mit diesen Hausschuhen wird der abendliche Kampf ums Zubettgehen einfacher, die Schühchen verführen geradezu zu fantasievollen Geschichten von der Prinzessin und dem tapferen Ritter ...

Das brauchen Sie

Vorlage Seite 61

Schuhgröße 26–27

Glitzerschuhe

- pinkfarbener, blauer und orangeroter Feincord, jeweils 40 x 40 cm je Farbe
- 50 x 50 cm roter Baumwollstoff für das Futter
- 15 x 15 cm zartrosa Filz
- 50 x 50 cm Volumenvlies zum Aufbügeln
- Pailletten in verschiedenen Farben
- rosafarbene Wolle für die Haare
- Nähfaden und Maschinenstickgarn in passenden Farben

So wird's gemacht

Glitzerschuhe

Zuschneiden: in Pink: 2 x Teil 1 und 3, 2 x Teil 2 im Stoffbruch; in Blau: 2 x Teil 1, 2 x Teil 2 im Stoffbruch; in Orange: 2 x Teil 4 im Stoffbruch; Filz: 2 x Teil 5; aus Futterstoff und Volumenvlies: je 2 x Teile 1 und 2 aneinandergelegt (ohne Naht), 2 x Teil 3; Futterstoff: 2 x Teil 4; alle Teile mit 1 cm Nahtzugabe zuschneiden.

1 Legen Sie ein pinkfarbenes und ein blaues Oberteil rechts auf rechts aufeinander, stecken und heften. Steppen Sie die vordere Mittelnaht 1 cm breit aufeinander, die Nahtzugaben auseinanderbügeln. Stecken und heften Sie je ein pinkfarbenes und ein blaues Fersenteil an der hinteren Mittelnaht rechts auf rechts aufeinander und steppen Sie die Naht 1 cm breit. Auch hier die Nahtzugaben auseinanderbügeln. Legen Sie die Vorderteile so rechts auf rechts auf die Fersenteile, dass die Farben von Blau zu Pink wechseln.

Steppen Sie die seitlichen Nähte beidseitig 1 cm breit und bügeln Sie die Nahtzugaben auseinander.

2 Stecken Sie die Sohle rechts auf rechts auf das Oberteil, dabei die Einsatzzeichen x, a und b beachten. Heften Sie die Teile aufeinander. Steppen Sie die Naht 1 cm breit. Schneiden Sie die Nahtzugaben an den Rundungen vorn und hinten in der Sohle senkrecht ein, anschließend den Außenschuh wenden.

3 Legen Sie die Seitenteile aus Futterstoff mit der linken Seite auf das Volumenvlies und bügeln Sie die Teile aufeinander. Nun legen Sie die Oberteile rechts auf rechts und stecken und heften die vordere Mittelnaht aufeinander. Die Naht 1 cm breit steppen, die Nahtzugaben auseinanderbügeln.

4 Legen Sie die beiden Oberteile aus Futter und Volumenvlies entlang der Fersenmittelnaht rechts auf rechts, stecken und heften Sie die Naht. Die Naht 1 cm breit steppen und auseinanderbügeln.

5 Legen Sie den Innenschuh aus Futter und Vlies rechts auf rechts auf die Futtersohle mit dem Vlies, dabei die Einsatzzeichen x, a und b beachten. Stecken und heften Sie die Kanten aufeinander. Die Naht 1 cm breit steppen, die Nahtzugaben an den Rundungen senkrecht einschneiden. Den Innenschuh links in links in den Außenschuh stecken.

6 Legen Sie die senkrechten Kanten von Teil 4 rechts auf rechts aufeinander und steppen Sie die hintere Mittelnaht. Die Nahtzugaben auseinanderbügeln. Ebenso das Futterteil zusammennähen. Stecken Sie das Futterteil rechts auf rechts in das Kronenteil und steppen Sie die Zacken 1 cm breit aufeinander. Schneiden Sie die Nahtzugaben auf 4 mm Breite zurück, in den Innenecken senkrecht ein und an den Außenecken bis 2 mm vor die Spitze waagerecht weg. Die Naht entlang der Zacken bügeln, dann die Zacken auf rechts wenden. Mit der Spitze einer Schere die Zacken vorsichtig ausformen und erneut bügeln.

7 Stecken Sie die Krone rechts auf rechts auf den Schuh, dabei zeigen die Zacken der Krone nach unten. Heften Sie die Kanten aufeinander. Steppen Sie die Naht rundum 0,6 cm breit. Den zweiten Schuh gegengleich arbeiten.

8 Übertragen Sie das Gesicht von der Vorlage mit Schneiderkopierpapier auf die Filzkreise und steppen Sie die Augenlider und den Mund mit der Hand oder Maschine mit Maschinenstickgarn auf. Verknoten Sie Wollfäden als Haare am oberen Filzrand. Nähen Sie die Gesichter über der vorderen Mittelnaht auf den Schuhen auf. Nähen Sie die Pailletten locker verteilt auf der Krone mit der Hand auf, dabei stechen Sie von hinten im mittleren Loch der Paillette aus, neben dem Rand wieder ein und auf der Rückseite zum Loch aus. Erneut neben dem Paillettenrand einstechen und dabei gleichzeitig die Nadel zwischen den beiden Stofflagen zum nächsten Paillettenmittelpunkt durchführen. So entstehen keine sichtbaren Spannfäden auf der Innenseite der Krone.

Drachenschuhe

Zuschneiden: Grün: 2 x Teil 1 und 2; Kontrastfarbe: 2 x Teil 3; roter Filz: 2 x Teil 6 im Stoffbruch (ohne Nahtzugabe), 2 x Teile 7 und 8; schwarzer Filz: je 2 x Teile 9 und 10; Futterstoff und Volumen-

Das brauchen Sie

Vorlage Seite 61

Schuhgröße 26–27

Drachenschuhe

- 40 x 40 cm Feincord, Samt-, Vlies- oder Nickistoff in Grün, 25 x 25 cm in Kontrastfarbe für die Sohle
- 50 x 50 cm Baumwollstoff in Gelb (Futter)
- 50 x 50 cm Volumenvlies
- schwarze Pailletten oder 4 Knöpfe
- Filzreste in Schwarz und Weiß
- Nähfaden in passenden Farben, z.B. von Gütermann creativ

vlies: je 2 x Teile 1 und 2 aneinandergelegt (ohne Naht); 2 x Teil 3 im Stoffbruch; alle Teile mit 1 cm Nahtzugabe zuschneiden.

1 Übertragen Sie mit Schneiderkopierpapier von der Vorlage die Nasenlöcher und Augen auf die Oberteile. Diese rechts auf rechts stecken und heften. Dabei legen Sie den Drachenkamm (Teil 7) dazwischen. Steppen Sie die Naht 1 cm breit, die Nahtzugaben auseinanderbügeln. Nun die Seitenteile (Teil 2) rechts auf rechts auf die Vorderteilkanten legen, steppen und auseinanderbügeln. Legen Sie die Seitenteile entlang der Fersennaht rechts auf rechts mit dem dazwischengelegten Drachenkamm (Teil 7). Die Naht 1 cm breit steppen und auseinanderbügeln.

2 Arbeiten Sie die Sohle (siehe Schritt 2, Glitzerschuhe) und das Futter mit Volumenvlies (siehe Schritt 3–4, Glitzerschuhe), abschließend stecken Sie den Futter- in den Oberschuh (siehe Schritt 5, Glitzerschuhe).

3 Schließen Sie die Naht an der Drachenkrone (Teil 6) und bügeln Sie die Nahtzugaben auseinander. Stecken Sie die Drachenkrone rechts auf rechts auf die Schuhoberkante, dabei liegt die Naht in der Fersenmitte, die Zacken sind nach unten gerichtet. Arbeiten Sie nun den Hausschuh mit der Krone (siehe Schritt 7, Glitzerschuhe).

4 Stecken Sie die Augen und Nasenlöcher an den markierten Stellen auf das Oberteil des Hausschuhs. Nähen Sie die Filzteile mit der Hand auf, dabei als Pupillen schwarze Pailletten (3 Stück pro Auge) oder die Knöpfe aufnähen. Den zweiten Haussschuh gegengleich arbeiten.

T-Shirt, Rock und Kopftuch

Zum Anlass das passende Outfit: Zur Kirschenernte geht's ganz stilecht mit applizierten Kirschen auf dem T-Shirt. Dazu farblich abgestimmt der Rock im Lagen-Look mit modischer Bindeschleife und das fröhlich gepunktete Kopftuch, das gleichzeitig auch vor zu viel Sonne schützt.

Das brauchen Sie

Größe 110/116

Vorlage Seite 62

Shirt

- T-Shirt, vorgewaschen
- Stoffreste, uni oder gemustert, am besten aus Baumwolle, ebenfalls gewaschen
- Rest BSN-Folie, z.B. von Gütermann SULKY
- Tear Easy oder Solvy, z.B. von Gütermann SULKY
- Nähfaden in passender Farbe von Gütermann creativ

Rock

- 0,70 m pink-weiß gemusterter Baumwollstoff, 140 cm breit
- 0,10 m blau-weiß gestreifter Baumwollstoff, 140 cm breit
- 0,90 m weiße Spitze, 2 cm breit
- Elastikgummi in Taillenweite plus 4 cm, 1,5 cm breit

So wird's gemacht

Shirt

Vorbereiten: Die einzelnen Teile des Motivs auf ein grob zugeschnittenes Stück BSN-Folie mit Filzstift durchzeichnen.

1 Legen Sie die BSN-Folie auf die Rückseiten der Baumwollstoffe, die Sie für die Applikation ausgewählt haben. Decken Sie die Folie komplett mit Silikonpapier oder einem separaten Stück Backpapier, das etwas größer als die BSN-Folie ist, ab. Bügeln und die Motive entlang der aufgezeichneten Konturen ausschneiden.

2 Nun platzieren Sie alle Teile auf dem Shirt, z.B. die Blätter und die Kirschen. Legen Sie Silikon- oder Backpapier darüber und bügeln Sie die Teile wie vorher mit leichtem Druck auf das Shirt auf. Anschließend das gesamte Motiv auf der Rückseite mit Solvy oder Tear Easy unterlegen und die Konturen und die Kirschstiele mit engem Zickzackstich (Stichlänge 0,2 mm, Stichbreite 2,5–4 mm) aufsteppen. Das Solvy können Sie anschließend auswaschen, Tear Easy wird weggerissen.

Rock

Zuschneiden: pink-weiß gemusterter Stoff: 30 x 90 cm (Rockteil), 10 x 150 cm (Bindegürtel); blau-weiß gestreifter Stoff: 10 x 90 cm (Saumblende).

1 Falten Sie die Längskanten des Bindegürtels längs rechts auf rechts und steppen Sie eine Schmalseite und die Längskanten 1 cm breit aufeinander. Die Nahtzugaben zurück- und an den Ecken schräg wegschneiden. Den Gürtel wenden und bügeln, dabei die Nahtzugaben an der Schmalseite nach innen falten. Den Gürtel rundum schmalkantig absteppen.

2 Die Saumblende zum Ring schließen. Die Nahtzugaben versäubern und auseinanderbügeln. Die Längskanten der Blende ebenfalls versäubern. Bügeln Sie die Saumkante der Blende 2 cm breit auf die linke Seite und steppen Sie den Saum von rechts 1,5 cm breit.

3 Legen Sie die Schmalseiten des Rockteils rechts auf rechts und steppen Sie die Naht 1 cm breit. Die Nahtzugaben versäubern und auseinanderbügeln. Die obere und die Saumkante versäubern. Die obere Kante 2 cm breit umbügeln und mit 1,5 cm Abstand zur Bruchkante steppen, dabei an der Naht einen 2 cm breiten Schlitz für den Gummieinzug offen lassen. Die Saumkante 3 cm breit umbügeln. Die Spitze unter den Saumbruch stecken und schmalkantig rundum aufsteppen. Den Blendenstreifen rechts auf links 3 cm breit unter den Rocksaum schieben, Blendenkante und Saumkante liegen aufeinander. Die Blende unter dem Saum feststecken. Blende und Rocksaum in einem Arbeitsgang von rechts mit 2,5 cm Abstand zur Rocksaumkante feststeppen.

4 Ziehen Sie den Elastikgummi mit einer Sicherheitsnadel durch den Schlitz in den Rocktunnel ein, die Enden aufeinander feststeppen. Den Gürtel mittig über die Rocknaht stecken und mit einer senkrechten Naht feststeppen.

Kopftuch
Schneiden Sie aus einem 45 x 45 cm großen Quadrat entlang der Diagonalen ein Dreieck. Die beiden 45 cm langen Kanten 0,5 cm und noch einmal 1 cm auf die linke Seite bügeln und steppen. Die Längskanten des Schrägbands links auf links falten und bügeln. Schieben Sie das Schrägband über die Schnittkante der Diagonalen und steppen Sie es schmalkantig auf. Die Enden abschneiden.

Shirts, Shirts, Shirts

Shirts jeder Art lassen sich mit wenigen Stoffresten, BSN-Folie und Nähfaden mit vielen verschiedenen Motiven aufpeppen, Ihrer Fantasie sind dabei keine Grenzen gesetzt. Beginnen Sie beim Aufbügeln immer mit dem untersten Teil, und zwar mit dem, das von allen anderen abgedeckt wird. Arbeiten Sie sich dann schichtenweise zum obersten vor.

Die Motive wählen Sie am besten entsprechend dem Alter und den Vorlieben Ihres Kindes. Ihre Kinder werden begeistert sein! Der absolute Hit ist es, Kinderzeichnungen in Motive umzusetzen. Das werden in Zukunft absolute Lieblingsshirts!

Sommertop mit Schmetterling

Sommer, Sonne und Meer ... Fröhliche und unbeschwerte Ferien- und Sommertage zu Hause werden mit dem Schmetterling auf dem Top nochmal so heiter. Mit glitzernden Perlen aufgepeppt, schimmert er bei Sonne und jeder Bewegung – so fühlen sich Mädchen wohl.

Das brauchen Sie

Vorlage Seite 60

- Top oder T-Shirt
- Stoffreste in Türkis
- 0,20 m BSN-Folie, z.B. von Gütermann SULKY
- Rocailles und Pailletten oder kleine Perlen, z.B. von Gütermann creativ
- Nähfaden in passenden Farben von Gütermann creativ

So wird's gemacht

1 Übertragen Sie den Schmetterling vom Vorlagenbogen symmetrisch gespiegelt auf BSN-Folie und schneiden Sie die Kontur grob aus. Bügeln Sie die Folie auf die Rückseite des türkisfarbenen Stoffrestes mit dazwischengelegtem Backpapier. Schneiden Sie nun die Innen- und Außenkonturen des Schmetterlings mit einer kleinen Stickschere aus. Den Schmetterling auf ein Shirt oder Top aufbügeln. Alle Innen- und Außenkonturen mit eng eingestelltem Zickzackstich (Stichlänge 0,25 mm, Stichbreite 2 mm) steppen.

2 Mit der Hand nähen Sie die Fühler, Rocailles und Pailletten locker verteilt in und um den Schmetterling herum auf.

Fröhliche Kochmützen und -schürzen

Früh übt sich, wer einmal Küchenstar werden will und beim Showkochen im Fernsehen die Nummer eins. Wenn es bis dahin auch noch ein langer Weg ist, mit ihren schicken Schürzen und den stilechten Mützen machen die Kleinen den Großen bereits heute schon mächtig Konkurrenz!

Das brauchen Sie

Vorlagen Seite 61 und 63

Mütze

Kopfumfang ca. 52 cm

- je 0,50 m Pepitastoff und Stoff mit Tortenmuster aus Baumwolle, 140 cm breit
- 0,80 m Vichykaroband in gleicher oder Kontrastfarbe, 1,5 cm breit
- 0,15 m Vlieseline H 410 zum Aufbügeln, 90 cm breit
- 1 Mittelperle mit ca. 1 cm Ø und 7–9 kleinere Perlen mit ca. 3 mm Ø

Schürze

- je 0,80 m Pepita oder Stoff mit Tortenmuster aus Baumwolle, 140 cm breit
- 0,25 m geblümter Stoff aus Baumwolle, 140 cm breit
- Rest klein gemusterter Blümchenstoff
- 0,15 m BSN Folie, z.B. von Gütermann creativ
- Schrägbandformer (blau) für 2,5 cm Breite

für Mütze und Schürze

- Nähfaden in Weiß von Gütermann creativ
- Maschinenstickgarn Rayon 40, z.B. von Gütermann SULKY

Stoffe: www.westfalenstoffe.de

So wird's gemacht

Kochmütze

Zuschneiden: Stoff: Kreis mit 52 cm Ø; Stoff und Vlieseline: Mützenband 54 x 12 cm inkl. 1 cm Nahtzugabe.

1 Bügeln Sie die Vlieseline auf die Rückseite des Mützenbandes. Bügeln Sie die Längskanten jeweils 1 cm breit auf die linke Seite und erneut die Bruchkanten links auf links. Wieder auffalten und das Band entlang der Schmalseiten rechts auf rechts stecken. Die Naht 1 cm breit steppen; die Nahtzugaben auseinanderbügeln.

2 Legen Sie die Kanten des Stoffkreises rundum im Abstand von 3 cm in 3,5 cm tiefe Falten. Stecken und heften Sie den Kreis rechts auf rechts auf den Mützenrand. Die Naht rundum 1 cm breit steppen. Die Nahtzugaben in das Mützenband bügeln. Falten Sie die vorher eingebügelte Bruchkante des Mützenbandes eingeschlagen links auf links und steppen Sie entlang der Mützenkante schmalkantig ab.

3 Das Karoband am unteren Rand rundum steppen, die Enden zur doppelten Schleife legen und mit Handstichen fixieren. Auf den Mittelpunkt die große Perle und außen herum die kleinen nähen.

Schürze

Zuschneiden: Stoff: Schürze 1 x im Stoffbruch zzgl. 1 cm Nahtzugabe , Schrägband 120 x 5 cm.

1 Arbeiten Sie die Applikation der Engelsflügel auf der Schürze nach der Anleitung auf Seite 55.

2 Bügeln Sie die seitlichen und unteren Kanten der Schürze zweimal je 1 cm auf die linke Seite und steppen Sie die Kanten schmalkantig fest. Formen und bügeln Sie das Schrägband und legen Sie es rechts auf rechts auf die obere Schürzenkante. Die Naht steppen, das Band um die Kante falten und von rechts schmalkantig feststeppen. Das restliche Band in Hälften teilen und wie vorher über die oberen seitlichen Kanten nähen, dabei stehen die Enden der Bänder zum Binden gleichlang über.

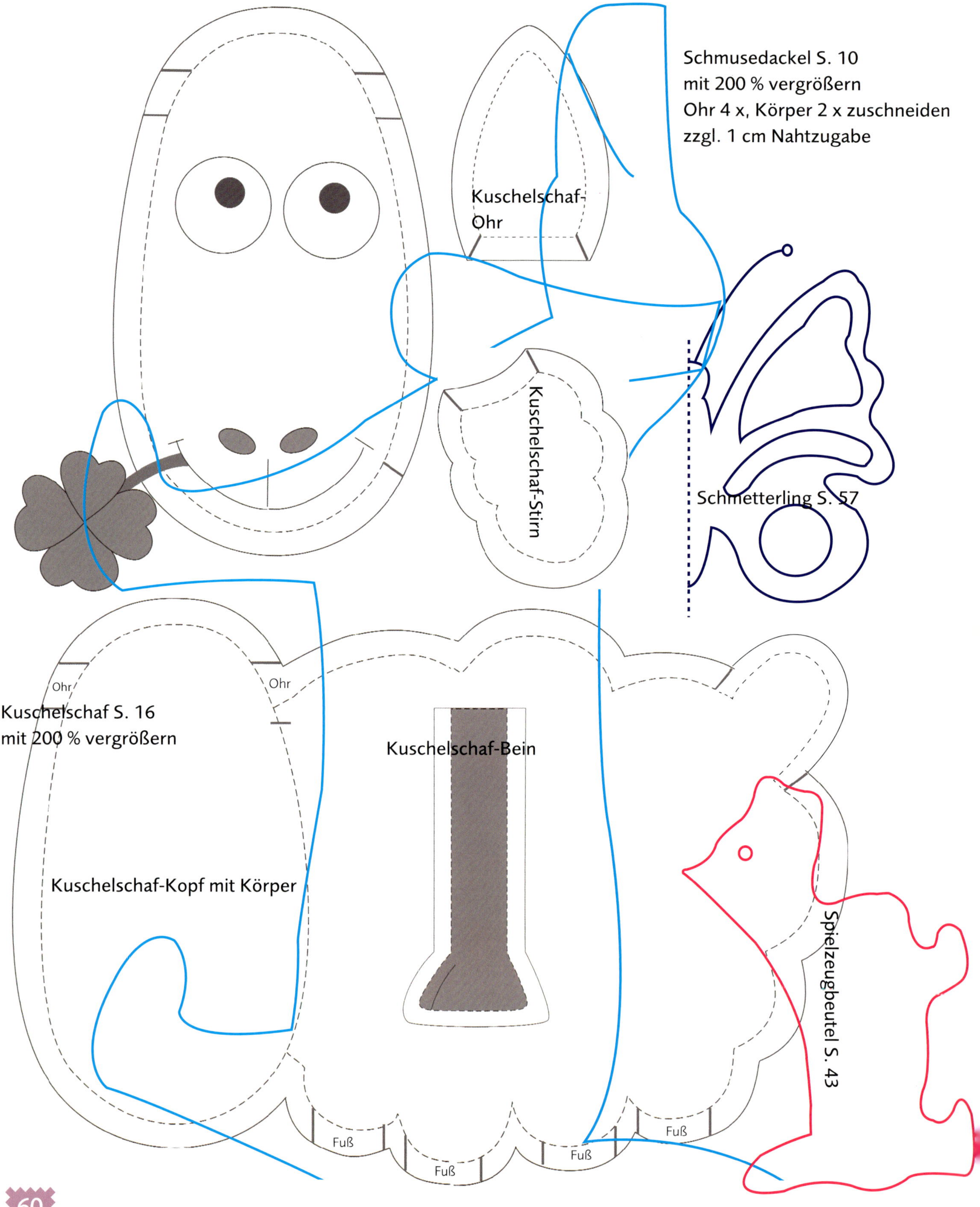
Schmusedackel S. 10
mit 200 % vergrößern
Ohr 4 x, Körper 2 x zuschneiden
zzgl. 1 cm Nahtzugabe
Kuschelschaf-Ohr
Kuschelschaf-Stirn
Schmetterling S. 57
Ohr
Ohr
Kuschelschaf S. 16
mit 200 % vergrößern
Kuschelschaf-Bein
Kuschelschaf-Kopf mit Körper
Spielzeugbeutel S. 43
Fuß
Fuß
Fuß
Fuß

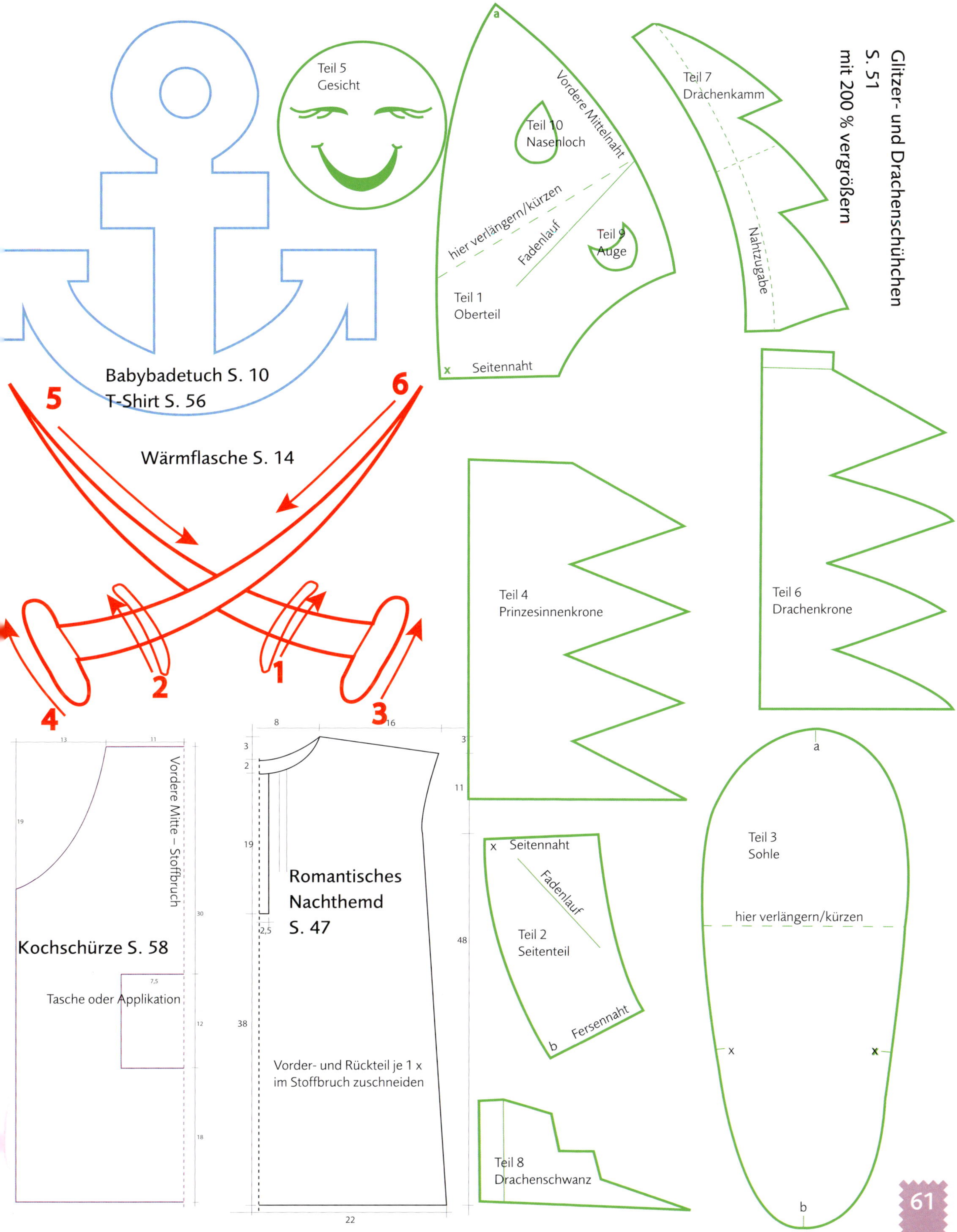
Glitzer- und Drachenschühchen S. 51
mit 200 % vergrößern
Babybadetuch S. 10
T-Shirt S. 56
Teil 5
Gesicht
a
Vordere Mittelnaht
Teil 10
Nasenloch
hier verlängern/kürzen
Fadenlauf
Teil 9
Auge
Teil 1
Oberteil
x
Seitennaht
Teil 7
Drachenkamm
Nahtzugabe
Wärmflasche S. 14
5
6
1
2
3
4
Teil 4
Prinzesinnenkrone
Teil 6
Drachenkrone
Kochschürze S. 58
Vordere Mitte – Stoffbruch
Tasche oder Applikation
Romantisches Nachthemd S. 47
Vorder- und Rückteil je 1 x im Stoffbruch zuschneiden
x
Seitennaht
Fadenlauf
Teil 2
Seitenteil
b
Fersennaht
Teil 8
Drachenschwanz
a
Teil 3
Sohle
hier verlängern/kürzen
x
x
b

Hockerkissen S. 21
Spitzmaus
vergrößern auf
30 x 40 cm Außenmaß

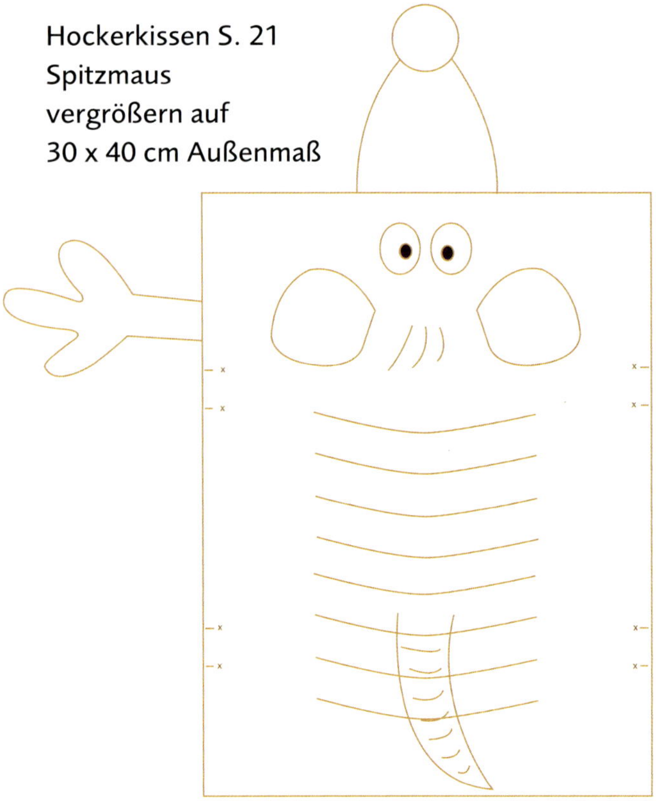

T-Shirt S. 55
beliebige Größe

Hockerkissen S. 22
Krokodil
vergrößern auf
30 x 40 cm Außenmaß

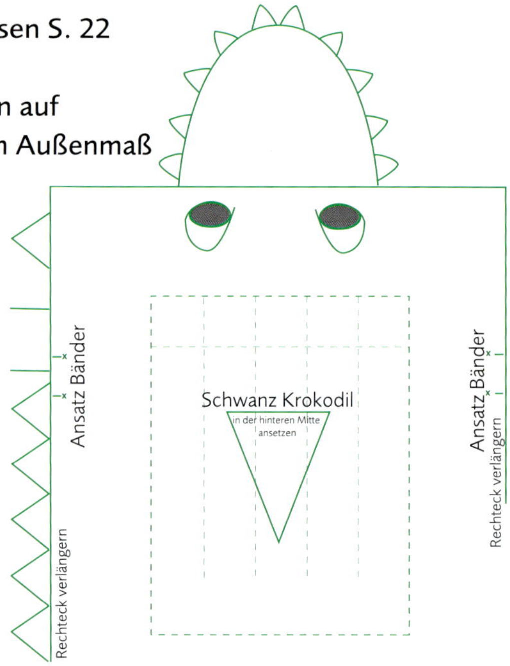

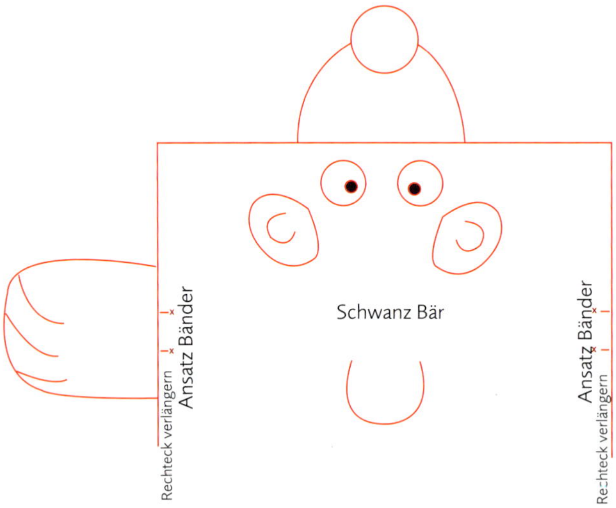

Hockerkissen S. 23
Bär
vergrößern auf
30 x 40 cm Außenmaß

XXL-Tasche für Blumenkinder S. 36
Schemazeichnung

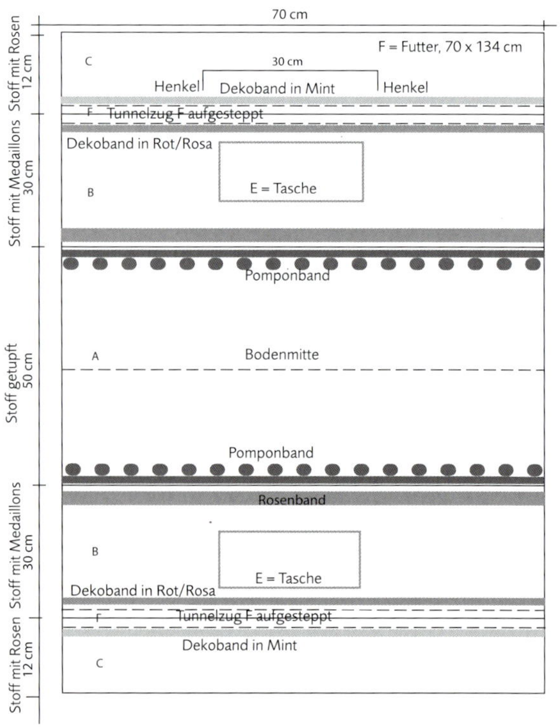

Schlafsäcke S. 27
mit 400 % vergrößern

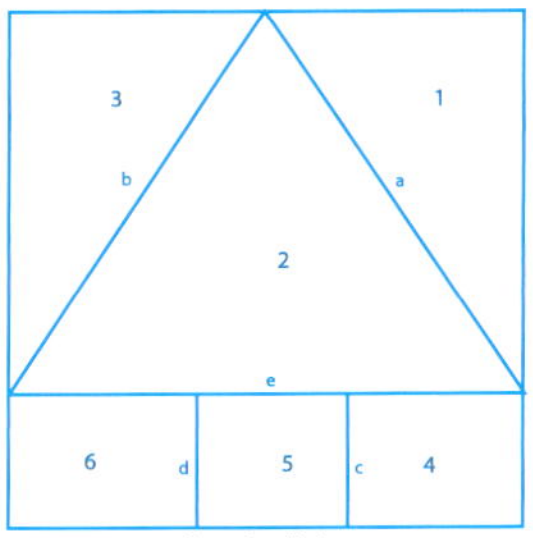

2: dunkelblau
1, 3, 4, 6: hellblau
5: gestreift

Applikationen T-Shirts
S. 49 und 56,
beliebig vergrößern

Kuschelplaid S. 32
mit 200 % vergrößern

Thronsessel S. 18
mit 200 % vergrößern

Bettwäsche S. 30,
200 % vergrößern

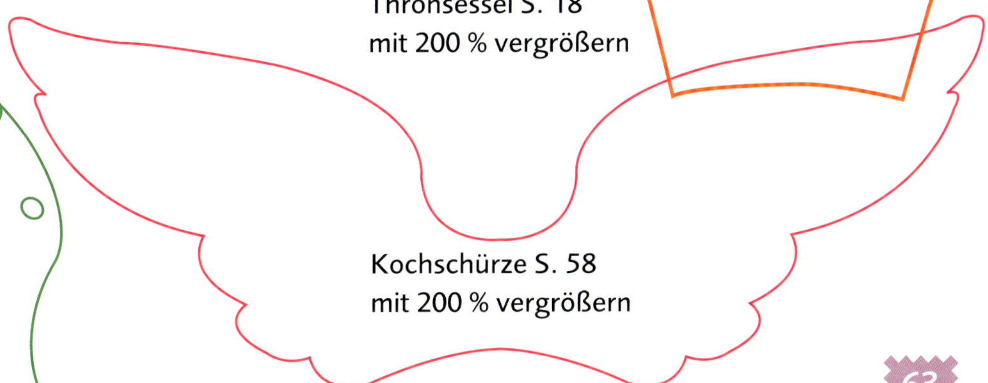

Kochschürze S. 58
mit 200 % vergrößern

Bildnachweis

Singer®: S. 3 (2.v.re.), S. 4, S. 9, S. 12/13 (2), S. 14, S. 23, S. 31, S. 39 l., S. 46

PFAFF®: S. 2 u., S. 6/7 (2), S. 17, S. 20–23 (3), S. 24/25 (3), S. 32/33 (3), S. 64

Husqvarna VIKING®: S. 26, S. 29, S. 48/49, S. 50, S. 51, S. 53, S. 57

Gütermann creativ: S. 2 o., S. 3 (l., 2.v.l., re.), S. 8, S. 10/11 (2), S. 15, S. 19, S. 35 (1), S. 37, S. 39 re., S. 43, S. 44/45, S. 54, S. 56, S. 59

Grund-Thorpe-Design: S. 34/35 (1), S. 36, S. 41

Wir bedanken uns bei den Firmen VSM Deutschland GmbH (Karlsruhe), Gütermann GmbH (Gutach-Breisgau) sowie dem Atelier Grund-Thorpe-Design (Schweitenkirchen) für die Unterstützung beim Erstellen des Buches.